ちくま学芸文庫

類似と思考 改訂版

鈴木宏昭

筑摩書房

目次

類似と思考　改訂版

はじめに

本書では、

1　思考は規則、ルールに基づいたものではない
2　類似は思考を含めた認知全般を底支えしている
3　類似に基づく思考＝類推は、三項関係で成立する

の三つのことを主張する。

主張とは、証拠とともに何か新しいことを付け加えるものである。だから、皆が正しいと思っていることを主張することはできない。「日本の首都は東京である」、「円周率は（およそ）3.14である」という主張は意味をなさない。皆がすでにそう考えており、誰も反対しないからだ。

上に述べたことは、そういう意味で「主張」になっているのだろうか。思考はルール、規則に基づくという考え方は根強く存在する［1］。学校では様々なルールを教える（三人

称単数現在ならば動詞の末尾にsをつける等々)。そしてそれを覚えて、それにしたがって問題に対処すれば正解を得られる。社会にも様々なルールがあり、それを教わったり、自分で見つけることにより、他者と円滑に生活することができる。そして論理学者たちはそれらの規則の根源にある原則=メタ規則を体系化しようとしてきた。一番目の主張は、こうした常識を補強するのではなく、それを否定しようとするものである。一見、ルールに基づいているかのように見えても、その背後には類似判断の働きが存在している。

ところで、類似、つまり何かが何かに似ているというのは、モノマネ、「そっくりさん」とか、模倣とか、剽窃・盗作のような、あまりポジティブな意味を持たない場面で用いられることが多いし[2]、人間の様々な活動においてそれほど頻繁に使われているわけではないように思うかもしれない。類似が思考を支配するという二番目の主張は、類似の役割についてのこうした常識への反論となる。

三番目の主張については、やや解説が必要かもしれない。類推は一般に、たとえるものと、たとえられるものの間に、類似関係を媒介とした対応関係を作り出すことと考えられてきた[3、4]。電気回路と水流の間、また原子の構造と太陽系の構造の間の類推は比較的有名だろう。このように類推は二項関係で成立しているというのが常識ではないかと思う。三番目の主張は、そうではなく、類推は「準抽象化」というものを含んだ三項関係になっているというものである。

これらの意味で、反常識的な主張を展開しようというのが本書である。むろん、最初に挙げたように主張には根拠が必要となる。実は、認知科学を中心とした心の科学は、こうした反常識的な主張をサポートするデータを数多く提出している。そうした証拠とともに、思考、類似、類推を再検討していきたい。

以下、本書の流れを簡単に要約する。思考は演繹、ルールなどに支配されたものではない。なぜならばそこには文脈依存性が存在するからである。したがって同じ演繹規則、ルール、公式、解法などを用いる問題も、その問題が与えられる文脈によって大きく成績が異なってくる（第1章）。それでは思考は何に基づいているのだろうか。それは類似である。類似を用いた思考、つまり類推が思考の基盤にあるのだ。類似性の判断は、およそほぼ全ての認知活動を支えるものであり、思考だけが類似から独立して行われることは考えにくいからだ（第2章）。

しかしながら、伝統的な類似の考え方、そのモデルは、類似を思考に拡張するためには不十分である。なぜならば、それらは思考において特別な意味を持つ、構造、ゴールを取り込んだものとなっていないからである。そこで近年の研究は、類似性判断がこれらを取り込めるものかを精力的に検討してきた。巧妙な手法で行われたこれらの研究は、類似が思考の基盤として働くことが十分に可能であることを示した（第3章）。

類似に基づく思考＝類推は特殊な思考と思う人も多いかもしれない。しかし私たちには生活の様々な場面で無意識のうちに類推的思考を行っている。このことを、日常生活、学問、社会などで見られる類推を取り上げて論じた（第4章）。こうした研究、知見と手を携えながら、類推研究が展開した。これらの研究は、類推が既知の事柄（ベース）と未知の事柄（ターゲット）との間の写像であること、そして写像は主に構造に基づいたものであることを示した。しかしながら、こうした定式化には致命的な問題がある。その問題とは、構造の可変性、ベースの動的生成、切り貼り型類推と正当な類推の区別である（第5章）。

これらの問題を解決するために、準抽象化を媒介とした類推という枠組みを提案した（第6章）。この枠組みでは、その場のゴールを取り込んだ、中程度の抽象度を持つ準抽象化が類推の過程で生み出され、ベースの生成、そしてベースとターゲットの間の写像を保証するとされる。こうした定式化により、類推が一貫性を持ったものとなるし、構造の可変性の問題も、膨大な写像可能性の問題もクリアできる。加えて、準抽象化は、類推を用いた様々な認知活動をうまく説明するだけでなく、比喩や記憶検索についても新しい展望を与える。最後に、これまでの章を振り返りつつ総括を行い、今後の展望（思考の統一理論の可能性）について論じた（第7章）。

以上が本書の概略である。なお、本書の主張する類推の理論とその他の理論との関係については、専門性が高いので本書末尾に付録としておくことにした。かなり力を入れた部分なので読み飛ばしても構わないというのは著者として残念だが、読者にとってはそれがベストであると考えた。

本書は、一九九六年に共立出版から刊行された、認知科学モノグラフシリーズの第一巻『類似と思考』を改稿したものである。よって本書はこの旧版の骨子を引き継いでいる。ただし、いくつかの重要な変更点がある。まず、最初に挙げた主張の中の二番目については、旧版ではほとんど論じていなかったが、本書では一つの章を設けて、詳しく論じている。二つ目は、旧版では実験の手法・データやシミュレーションについて相当に詳しく論じていたが、本書が文庫であるという事情を考え、それらについての記述を大幅に簡略化した。三つ目は、部分的ではあるが、旧版以降に行われた、重要な研究を追加している。四つ目は、準抽象化について、特にその発生、生成について新たな視点を導入した。そういう次第だから、書き下ろしとまで言うのは気がひけるが、全面的な書き直しを行った。類似と類推という不思議なパワーを持つ心の働きを楽しんでいただければ幸いである。

なお、本書の執筆にあたって、櫻井成一朗教授（明治学院大学）、植田一博教授（東京大学）、川合伸幸教授（名古屋大学）、井上達彦教授（早稲田大学）から、各氏のご専門に関する貴重な情報、コメントをいただいた。また関根聡子講師（神奈川県立保健福祉大学）には、完成前の原稿を丁寧に読んでいただき、コメントをいただいた。

第1章　ルールに基づく思考と文脈依存性

思考というと何やら難しげな感じが漂う。ロダンの「考える人」のように、沈思黙考する姿を思い浮かべるかもしれない。確かにそういう思考もあるのだが、思考はもっと日常的なものだ。試験で六〇点以上が合格の時に、自分は八二点を取ったとすると、「合格だ」と思うのは、推論と呼ばれるタイプの思考だ。連絡をしようと思っていた相手の携帯電話から応答がない。こんな時に、どうやって連絡しようかなと思うのは、問題解決と呼ばれるタイプの思考だ。また、昼食にうどんにしようか、そばにしようかと考えるのは、意思決定と呼ばれるタイプの思考だ。このように思考は人の日々の様々な活動に入り込んでいる。

1・1　内容独立のルール利用

このように人は様々な場面で思考を行うし、そのタイプも様々である。この仕組みがどうなっているのか、正しい思考を行うためには何が必要なのか、これらについて哲学者、心理学者たちが昔から研究を重ねてきた。最も初期には、論理が思考の基盤にあると考えられた。哲学の一分野である論理学という学問は、人間の思考のルールを明らかにすることを重要な目的の一つとしてきた。

論理学が明らかにしてきたことはたくさんあるが、最も初歩的な例を取りあげてみよう。たとえば前件肯定式というルールがある。これは「PならばQ」が成立していて、かつ「P」が成立している場合には、必ず「Q」が導けるというものである。Pを前件、Qを後件と呼び、Pが成立つまり肯定されているので、これは前件肯定式（modus ponens）と呼ばれる。最初に挙げた試験の合格についての例では、「六〇点以上（P）ならば合格（Q）」が成立していて、「八二点（六〇点以上、P）」が成立しているので、この図式から「合格（Q）」が導ける。

後々のためにもう一つ論理学の初歩的ルールの例を挙げる。もし自分がこの試験で不合格だった（Qが成り立っていない、$\overline{Q}$）ことがわかったとする。この時には自動的に、自分の点数は「六〇点未満（Pが成り立っていない、$\overline{P}$）」が導ける。これは後件が否定されているので、後件否定式（modus tollens）と呼ばれる。

これらは図に描けば一目瞭然である。図1・1に示したように、「PならばQ」という命題は、Qを表す大きな円の中に、Pを表す小さな円を描く。するとPの中にあるものはどんなものでも、Qに含まれることがわかる。またQの外側にあるもの、つまりQでないものは、どうやってもPにはなり得ないこともわかる。

論理学では、人はこうした規則に従って人が思考を行っていると考えた。この規則の特徴は内容独立（content independent）ということにある（このことをしばしば形式的（formal）と呼んだりする）。つまりPやQの中身はどうでもよいということである。そしてこの形式の思考は、「PならばQ」や「P」あるいは「$\overline{Q}$」が正しい限り、必ず正しい答えを導くとされる。例えば「雨が降れば地面が濡れる」、そして「雨が降った」が正しければ、「地面が濡れる」が導かれるし、「食べれば体重が増える」と「体重が増えていない」が正しければ、必ず「食べていない」が導かれる。こういう思

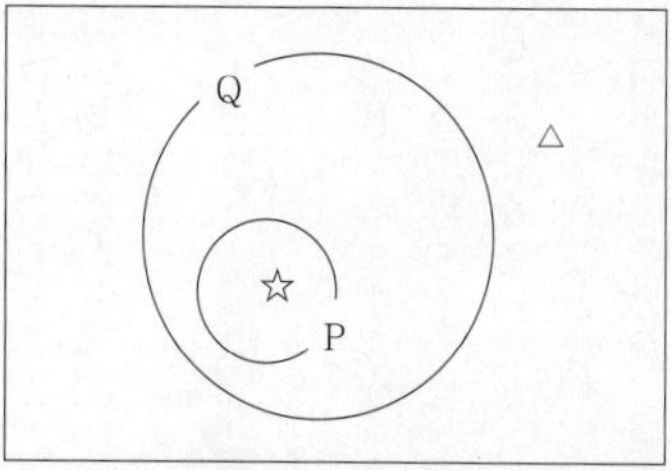

図1・1：条件式「PならばQ」の図式化
Pの中にあるものは（星形）、必ずQの中にある。またQの外にあるもの（三角）、つまり$\overline{Q}$は、Pの中には入り得ない。

考は簡単に行えるが、それは私たちが前件肯定式、後件否定式という内容独立のルールを用いているからだというのが、初期の考え方であった。

1・2　人間の非論理性：条件文推論

論理学のルールが内容に依存しないということは、きわめて大きな意義がある。つまりどんな内容のものに対しても、同じルールが適用できるとすれば、応用可能性が最大ということになる。そしてこれを頭に入れれば、全てそれで事足りる。こうしたルールが存在せず、場面ごとに個別の思考方法があるとすると、厄介なことになる。なぜなら、人間が遭遇する場面の数、種類は膨大であるからだ。当然、それらを分類せねばならないが、その分類基準をどう置くかもわからない。一方、内容を考慮しない、形式的なルールが思考を支配していると考えれば、そうした苦労が無用になる。

これは論理学に固有なことではない。たとえば物理学ではどんなものが落下しようと、斜面を滑ろうと、同じルールを適用して、その振る舞いを記述、予測することができる。こうしたことが、心についても成立していると考えても不思議ではない。

問題はそうしたルールを人間が使えるのかということである。「使っていない」がその答えだ。もう半世紀以上も前のことになるが、ピーター・ウェイソンという心理学者が行った四枚カード問題実験の結果はまさにこれの例証となる［5］。彼が用いたのは、図1・2に示した問題である。よく読んで考えていただきたい。

ここで「表が母音ならば、裏は偶数」というのだから、「表が母音」がPとなり、「裏が偶数」がQとなる。そこで前件肯定式、後件否定式を使って、Pが成立しているUのカードと、Qが成立していない3のカードをめくってみて、これらが各々偶数、子音になっているかを調べればよい。

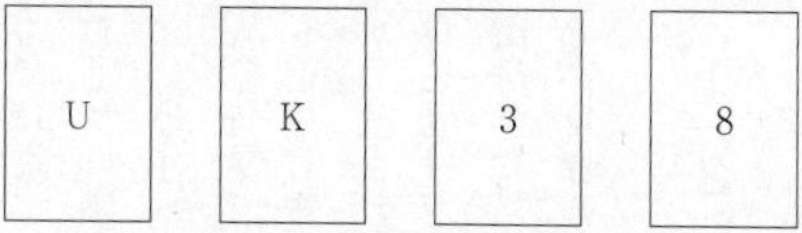

図1・2：四枚カード問題

上のように、片面にはアルファベットが、もう片面には数字が印刷された四枚のカードがある。このカードは「表が母音ならば裏は偶数」という規則に従って作られている。この四枚のカードが本当にこの規則に従って作られているかを調べるためにはどのカードを裏返してみる必要があるか。

しかし、こうした正解を導ける人は大人でも一〇パーセント程度しかいない。これはいろいろな国で確かめられているが、どこでやっても同じである。多くの人は母音のカードと、偶数のカードを選択しようとする。慎重な人はひっかけ問題ではないかと思い、いろいろと考えたりするが、正解にはなかなかたどり着かない。前件肯定式や後件否定式を教えた後でも、そして直後であっても正答率はさして上がらない。

後件否定式は確かにだめだが、前件肯定式はどうだろうか。確かにこの問題で母音のカードを選択しない人はほとんどいない。ではいつでも使えるのかと言えば、そうではない。ある研究では、次のような問題が出された。「彼女は友人に会うと、観劇に行く」、「彼女はお金があれば、観劇に行く」という前提、そして「彼女は友人に会った」という小前提が与えられた。すると少なからぬ参加者は、「彼女が観劇に行った」という結論を否定する[6]。

前件肯定式や後件否定式というのは、論理学の教科書の最初に書いてあるような、「あいうえお」レベルのものであることを考えると、これは驚くべきことである。まともな教育を受けた大人の大半が、論理学の初歩中の初歩の問題を解くことができないのである。論理学にはもっと高度なルールがたくさんあるが、このレベルのことができない人が、より高度なルールを使っているとはとうてい想像できない。

1・3 条件文推論の文脈依存性

人が論理学のルールに従わないという事実は、人がルールに従わないことを示すわけではない。論理学のルールは数あるルールのうちの一つに過ぎないからである。こうした可能性を追求した人たちもいる。たとえば、人は「PならばQ」を「QならばP」と解釈するルール、双条件解釈ルールを用いている、という具合である。こうしたルールに従えば、前に述べた人の非論理性は、論理学とは異なるルールを用いた結果と解釈することができる[7]。

では人はこうした誤ったルールをもっぱら用いて論理学的な推論を行っているのだろうか。残念ながら、そうとは言えない。次のような問題を考えてみよう。

あなたは警察官で無免許ドライバーを見つける仕事を行っています。ある駐車場に行くと、車のそばに次の四人がいました。

・車を運転しようとしている人
・赤ちゃん
・免許を持っている人
・免許を持っていない人

さてあなたはどの人を調べるべきでしょうか。

ここでの推論は、「車を運転する」がPであり、「免許を持っている」がQとなる推論である。もしPならばQ、そしてQならばPという推論ルールに従うのであれば、「車を運転しようとしている人」と「免許を持っている人」を選ぶことになる。そういう人はいるだろうか。そうではないだろう。ほとんどの人が、「車を運転しようとしている人」、「免許を持っていない人」を選ぶはずである。そしてそれは正解、というか論理学的に妥当な推論である［8］。

こうした現象は数多く見つかっており、総称して文脈依存性と呼ばれている。特に「行為とその前提条件」が関わる、「許可」の文脈では、人の推論は概して正常に働く。この実験を行ったパトリシア・チェンとキース・ホリオークは、人は許可の文脈では、

・行為を行うのであれば前提条件を満たさねばならない
・行為を行わないのであれば前提条件を満たしても満たさなくてもよい
・前提条件を満たせば行為を行っても（行わなくても）よい
・前提条件を満たしていなければ、行為を行ってはならない

という形で推論を行っており、この文脈の推論では人は間違えないと述べている［9］。

ここから逆に、人は許可という文脈ではルールを使っているのだ、と結論づける可能性も残されている。実際エドワード・スミスたちは、許可場面ではその内容をよく知っていることでも、またそれが新規なものでも、同様に適切な推論が行われることを指摘し、許可のルールを用いていると結論づけている［10］。

しかし、こうした考えは内容独立のルールについての誤解に基づくものである。ある状況が許可であるか、そうでないか（たとえば因果とか義務とか）の判断は、その状況の「内容」を吟味しなければわからない。そこでは、扱われている行為が何か、そして述べられていることがその前提条件として適切かの判断が必要になる。ここには膨大な経験的知識が作用している。こうした処理は、内容から独立したルールの自動的な適用と考えることはできない。

スミスたちの解釈については、次のような反論もできる。たとえば「刑務所に入るのであれば、犯罪を犯さねばならない」というのは、刑務所に入るという行為と、そのための前提条件を述べたものである。だとすれば、この課題での成績は、先ほどの運転の時と同じ程度になるはずである。しかしそうはならず、パフォーマンスはかなり低下するだろう。多くの人は「犯罪を犯した人」がちゃんと刑務所に入っているかを、つまりQが成立しているときにPが成立しているかを調べたくなるはずだ。

運転の話と刑務所の話が異なるのは、利得と対価に関わっている［11］。つまり許可される事柄が利得であり、条件はその対価になっていなければならないのである。だから単に行為とその前提条件さえあれば自動的に正しい推論ができるわけではないのだ。そして何が利得なのか、対価として何がふさわしいのかは、問題内容と推論を行う人の経験が決めることであり、決して問題の形式から自動的に決まることではない。

次章以降を少し先取りして言うと、だから思考には類似が必要なのである。個々の問題場面で何が利得か、それは本当に利得たり得るのか、前提条件は対価にふさわしいのかなどをいちいち深く考えたりするのは面倒だし、非現実的だ。そこで過去の典型的な利得―対価状況と、現在の問題状況がどれほど似ているかを判断することで、この面倒で、非現実的な処理をスキップしているのだ。

ここまで述べてきたことは、人は論理学的な問題にいつでも間違えるわけではないことを示している。つまり、人は正しい論理学的なルールとは異なる、誤ったルールにもっぱら従っているわけでもないのである。文脈に応じて正しい推論が行われることもあれば、そうでない時もある。こうした人の複雑な思考のパターンを内容独立のルール利用の結果と見做すことは難しい。

1・4 集合関係理解の文脈依存性

もう一つ、人の思考が最も単純な論理から逸脱する例を考えてみたい。ある集合がある。そしてその一部である部分集合があるとする。すると、それらの集合の要素の数は必ず、集合∨部分集合となる。自然数の要素の数と偶数の要素の数では、言うまでもなく前者の方が多くなる。だから任意の数を選び出した時に、それが自然数である確率は、偶数である確率よりも高い。また、人類の数と女性の数を比べれば、人類の数の方がむろん多い。よって同様に、任意の生物を取り出した時にそれが人間である確率は、女性である確率よりも高くなる。あまりに当たり前で何を今更と思うだろう。

ところが、子供たちはこうした当たり前のことに失敗することが、ジャン・ピアジェという二十世紀を代表する発達心理学者によって示された。彼は木製のビーズ玉を用意した。そのうちの多くは茶色であるが、白もいくつか混じっている。そして子供に「木のビーズ玉と茶色のビーズ玉ではどっちが多い」と尋ねた。すると、就学前児の場合は、茶色のビーズが多いと判断してしまう。こうした結果は、子供が集合の基本的な関係を理解していないことを示しているとピアジェは考えた[12]。

さてこれを見て、それは子供だから間違えるのであって、大人はそんなことはないと反論したくなるかもしれない。そういう人は行動経済学のパイオニアと言われる、エイモス・トベルスキーとダニエル・カーネマンが考案した次のような文章を読んでみてほしい[13]。

リンダは独身で三十一歳の率直で聡明な女性である。彼女は大学で哲学を専攻して、社会正義の問題に関心を持っており。学生時代は反核デモにも参加した。

次に、このリンダが「銀行員」であるか、「フェミニストの銀行員」であるか、どちらが正しいかを考えてみてほしい。どうだろうか。後の方のような気がしないだろうか。この題材を用いた実験では、あるグループの人はリンダが「銀行員である確率」を答えるよう、別のグループの人にはリンダが「フェミニストの銀行員である確率」を答えるよう求めてみた。各々の答えをグループごとに平均して比較すると、リンダが銀行員である確率が、フェミニストの銀行員である確率よりも低く評定されてしまう。何が問題なのかと訝る人もいるかもしれないので、解説をしておこう。フェミニストの銀行員は銀行員という集合の部分集合である。だから、部分集合に属する確率が元の集合に属する確率よりも高くなることはあり得ない。これは人間と女性の数と同じ話である。

同様に、市川伸一は次のような面白い問題を考案している。田中さんという人物について、高校時代から理数系が得意で、思考は論理的であるというようなエピソードを示す。そして二十年後に彼は大学教授になっていたが、次の三つをなっていそうなものの順番に述べよという問題を出す[14]。

1　理学部教授

2　文学部教授

3　コンピュータについての著作がある文学部教授

むろん、実際にはわからないので、何を答えても良いように思える。しかし一つだけしてはいけないことがある。それは2と3の順番である。2である確率が3である確率よりも低いことはあり得ない。なぜならば3である限り、2であるのだから。しかしながら、多くの人の答えは、1、3、2となってしまう。このような次第なので、大人であっても集合の包含関係についての知識がうまく適用されるか否かは、文脈に依存するということがわかる。

ところで、最初に子供はこれを間違えると述べたが、実は文脈によっては正解することもある。そもそもピアジェの課題はとても不自然で、間違いを誘発する危険性が高いと言える。茶色と白のビーズからなっているものの大小比較で、「茶色のビーズと木製のビーズではどちらが多い」などと問われれば、「茶色と白の間違い?」と大人でも考えるだろう。そこで、ある研究では二つの部分集合からなる集合を設け(たとえば赤いビーズも含める)、そうしたセッティングでこの課題を実施してみた[15]。すると、だいぶ成績が向上することが明らかになった。これは別の集合が存在することによって、上位の集合を下位の部分集合と混同する危険性が減少したためであると考えられている。

さて、これらは人の思考がひどく文脈に依存しているという、前節での結果を強化してくれるものである。つまり、できないはずの子供がある文脈では成功する一方で、難なくこの課題を解決できる大人が特定の文脈では失敗してしまう。つまり、人の思考は文脈、そしてその内容と一体となって行われているのである。

1・5 抽象的ルールの利用可能性

ここまで述べたようなルールはいわば思考の文法とも呼べるものであり、思考が関与するあらゆる場面に関係するものと考えられる。しかし、それらとは別種の抽象的ルールも存在する。典型的なものとしては、理数系の教科で教えられるような定理、法則が挙げられる。これらのルールはその適用がある特定の領域に限定されるが、その領域が関与する限り、いつでも適用可能であるという意味で抽象性を持っている。

たとえば、学校では内容に全く依存しないルールを教授することはきわめて少ない。教えられるルールは算数・数学、理科などの教科、それもある特定の単元に関係したルールであり、その内容独立性は論理学的なルールに比べれば、かなりの程度減じられている。ただ、理数系の教科で教えられるルールは一般に変数を含み、特定の条件に合致するすべての問題、現象に適用可能なものとなっている。たとえば、小学校の単位あたり量で教授されるいくつかの公式には「比べる量」、「元になる量」、「割合」などの変数が含まれており、単位あたり量、割合などが関係する多様な問題に適用可能である。また、初等物理で教えられる$F=ma$は力学的な力が関与するあらゆる現象に適用可能である。学校教育では、抽象的な知識の獲得が目的とされるため、初等教育後半、中等教育以降では抽象的なルールを始めから導入するという教授方法がとられるケースが多い。

このようなルールならば、人はうまくそれを利用することができるのだろうか。このことを、学校で習う物理、算数・数学を例にとって考えてみることにする。

人は物理の法則をどう使うか

アンドレア・ディセッサという研究者は、人がどのように物理現象を捉えているのかについて、様々な研究を進めてきている。ある研究では簡単なコンピュータゲームを用いて慣性の理解を検討している［16］。参加者はロケットを発射させ、それを右上四十五度の角度に位置しているターゲットに命中させることが求められる。ロケットはキックキーと呼ばれるキーを押すと発射し、そのキーを押し続けると速度が増加するようになっている。また、このゲームには位置を合わせるためのキーも用意され、一回押す毎にロケットは三十度回転するようになっている。このため、四十五度の位置にあるターゲットに命中させるようにロケットの位置を事前に調整することはできない。そこで発射させてから、適当な位置でロケットを回転させ、キックキーを押さねばならなくなる。

このゲームを物理についての体系的な教授を受けていない小学生と、高校及び大学で初等物理を学んだ工学系大学の学生に行わせたところ、驚くべきことに、小学生も大学生も同じパターンの間違いを繰り返しおかしていたことが判明した。彼らの典型的な方法は、ロケットを発射させ、ロケットがターゲットの真横あたりに来た時点で右に九〇度回転させ、キックキーを押すというものであった。

この間違いは、それ以前の運動にかかわらず、物体は力を加えられた向きに運動するという信念に基づくものである。つまり、事前の運動を全く考慮せずにこの課題を行っているのである。興味深いのは、大学生の説明には、ベクトル和や運動量保存などの物理用語が用いられるが、実際にはそれは改善につながらないことである。

同様に、マイケル・マクロスキーたちは大学生が直落信念（straigh-down belief）という誤概念を持っていることを明らかにした[17]。彼らの課題では、人が片方の手にボールを持って歩き、地点aでこのボールを落下させる場面が見せられ、この時、ボールはどこに落ちるかを予測することが求められた。この質問に対して、大学生の参加者の半数はボールはまっすぐ下、つまり地点aに落下すると答えてしまう。

このように大学の理工系のレベルの知識を持つ参加者であっても、学校で教えられたニュートン物理学の原理を現実場面に適用して推論を行うことはとても難しい。つまり、抽象的なルールを教わったとしても、それを使うことが期待される場面で用いることができないのである。

このような例から、論理的推論の場合と同様、人は間違った抽象的ルールを獲得してしまっているのではないかという考え方もできる。しかしながら、人はどのような場面においても慣性を無視するかといえば、そうではない。マクロスキーらは物体が落下の前に自力で動いている場合には直落信念は見られないことを報告している。たとえば、斜面を転がってきたボールが崖から落ちる時の軌跡を描かせると、直落すると答えるケースはきわめて稀にしか観察されない。また、運動の自律性だけでなく、落下する前のスピード、落下物体の重さなども人の判断に影響を与えることも明らかにされている[18]。たとえば、落下する物体が非常に速いスピードで運ばれていた場合には直落反応はかなりの程度減るし、自力で動いていた物体であってもそれがきわめて重い場合には直落反応が増加する。

このように考えると、物理現象について、学校で教わるような抽象的なルールを人が用いている可能性はきわめて低い。また、抽象的な公式やルールを学習初期に与えてみても、その効果は期待したようなものとはならないことも明らかである。また誤ったルールをいつでも用いるかといえば、そうではない。問題の文脈が適切であれば、妥当な推論を行うこともできる。つまり、ここにも文脈依存性が現れているのである。

人は算数・数学の公式をどう使うか

物理の学習で見られた状況、文脈依存性は学校における算数・数学の学習においても同様に見られる。

簡単な足し算や引き算は、学校で教わる前から多くの子供が実行可能である。たとえば、「太郎はアメを五個持っていた。おやつの時に三つもらった。今何個持っているか」などのような問題であれば、幼稚園年長児ならばほぼ解決可能である。だからと言って、足し算のこうした知識が、どんな状況にも使えるかと言えばそうではない。たとえば、「太郎はアメを五つ持っている。花子はそれよりも三つだけ多くアメを持っている。花子は何個アメを持っているか」という問題の正答率はかなり落ちる。さらに「太郎は何個かアメを持っていた。おやつの時に三つ食べてしまった。今、数えてみたら全部で五個だった。はじめに何個持っていたか」という問題も、最初の問題同様5＋3で解決可能である。しかし、この問題は小学校に入っても難問であり、解決できる子供はかなり少ない[19]。

では、後者の問題を解くためのルールを子供達が獲得していないと言えるかといえば、答えはノーである。問題の本質とはおよそ関係のない文脈情報によって、正答率が大きく変化するというデータが存在するからだ。ある実験では、上記の問題の最初の部分を「太郎君はアメを袋に入れていました。だから最初に何個あったかわかりません」と変えた問題を用いた。すると、幼稚園児でも八〇パーセント程度の正答率を得られた[20]。

このように、加算、減算がどのような文脈で例化されるかにより、正答率には著しい違いが生じるのである。これらのデータは算数という領域における加減算の知識の利用も文脈や状況と独立に働くわけではないことを示している。
もう少し子供が成長しても、文脈依存は相変わらず現れる。小学校高学年の児童の苦手とする問題の一つに溶液の混合問題がある。これは一般的には次のような形式をとる。

xパーセントでXグラムの溶液aとyパーセントでYグラムの溶液bを混ぜると何パーセントの溶液ができるでしょうか。

小学校六年生三十五名にこのような問題を解かせると、正答者は五名に過ぎず、間違いの多くは濃度同士の足し算であった[21]。そもそも濃度自体は学校では教えられていないのだから、この問題の計算式を正しく立てるかどうかはあまり問題ではない。それよりも問題なのは、多くの誤答が内包量についての基本的な原理を逸脱したものであったという点にある。速度、温度、濃度、密度などは内包量と呼ばれ、長さ、重さなどの外延量とは区別される。その理由は、合併や混合に際して加法的ではない、つまり足し算ができないためである。
このような観点から前述の調査を見直すと、この基本的な原理に合致した回答をした子供は八名に過ぎない。回答のほとんどは、混ぜた結果できた溶液の濃度は、濃い方の溶液よりもさらに濃いというものであった。以上の結果からすると、小学校六年生の大半は濃度の非加法性を理解していないということになる。もしそうだとすると、彼らは五〇パーセントのジュースを二本混ぜ合わせれば、一〇〇パーセントのジュースになると考えてしまうことになる。

ところがそうしたことは起きない。この調査では溶液の混合問題を、より日常的な文脈に置き換えた形で調査を行った。別の実験では濃度を数値ではなく、「甘すぎる」、「うすい」などの定性的な形で与え、濃度が溶質の量から理解できるように（たとえば角砂糖を五個入れた紅茶と一つしか入れない紅茶）変更を加えた問題を与えた。すると正答率（混合溶液の濃度が元の二つの濃度の中間になるという答え）は、前の問題に比べて著しく高くなった。等濃度の混合の場合には正答率は九〇パーセント、異なる濃度の場合でも約八〇パーセントの正答率であった。この結果からすれば、小学校六年生は濃度の非加法性を理解しているということになる[22]。

ここで主張したいのは、小学生が濃度の非加法性を本当は理解していた、ということではない。そうではなく、その理解が算数の文脈で与えられた問題には適用できないという点である。小学生の非加法性の理解は、確かに特定の溶液（たとえば砂糖水）、特定の定性的記述（たとえば甘い）に制約されているわけではないという意味で、抽象的ではある。しかしながら、彼らの非加法性の理解は内容を完全に捨象したものではない。溶質の量が与えられている、そして濃度が定性的に記述されているという特定の文脈情報を含んだものとなっているのだ。したがって、これらの情報が与えられていない文脈では、非加法性は適用されないのである。

文脈依存性は、大人でももちろん見られる。人間の直観的な確率判断は、ベイズの定理にしたがった条件つき確率とは著しく異なることが知られている。ベイズの定理自体は、「データDが得られた後の仮説Hの事後確率P(H|D)は、データが得られる前の当該仮説の事前確率P(H)とその仮説のもとにデータDが観察される確率P(D|H)(尤度《ゆうど》と呼ばれる)との積をデータが得られる確率P(D)で除したもの」であり、それ自体には反直観的な部分はない。しかしながら、人間はこの定理にしたがった解とは全く異なった解を導き出すこと、さらにベイズ解そのものを全く納得できない場合があることが明らかにされている[23、24]。たとえば、次のような問題を考えてみる。

タクシーがある夜ひき逃げをした。その町では、緑タクシーと青タクシーの二つの会社がある。タクシーの八五パーセントは緑タクシーで、一五パーセントが青タクシーである。目撃者は青タクシーが事故を起こしたと証言したが、同様の状況で彼の視力の確かさを測定したところ八〇パーセントの信頼率であった。さて、事故を起こしたのが本当に青タクシーである確率を求めよ。

この答えは、約四〇パーセント程度となる。[*1] 目撃者が青タクシーと言っているのに、緑タクシーである確率の方が高いのである。納得できるだろうか。実際、こういう答えを出せる人はきわめて少ない。ほとんどの場合、信頼性が八〇パーセントなのだからと考え、尤度である八〇パーセントあたりが答えとされる。

それでは人はもっぱら尤度に基づいた推論ルールを使う、と言えるかというとそうではない。たとえば上の問題の台数比を、これまでに事故を起こした比率と変えるだけで(たとえば、「この街でのタクシーによる自動車事故の八五パーセントは緑タクシーで、残りの一五パーセントが青タクシー」というように)、ずいぶんと成績が向上したりもする[24]。

ここにおいても今までに見てきたのと同じ現象が見られる。確かに人間は規範的な確率の定理に従わず、主観的定理に基づいた判断を下すように見える。しかしながら、もっぱら誤った判断を行うかというとそうではなく、文脈や状況に応じて規範に沿った正しい解を導き出すこともあるのである。数学のルールの利用における文脈依存性は、未熟な子供だけに現れる話ではないのだ。

1・6 抽象的ルールはなぜ用いられないのか

論理学者や一部の心理学者が考えるような文脈抜きの、抽象性の高いルールはなぜ用いられないのだろうか。これは人間が無能であること、あるいは抽象的思考ができないことに由来するのだろうか。ここでは、ルールの仮定する世界についての問題と、ルールの利用のコストから、この理由について検討を行う。

抽象的ルールの仮定する世界

抽象的なルールが思考において用いられない理由の一つは、それらのルールが想定する世界が人間の思考する世界とは全く異なっていることによる。たとえば、論理学が仮定する世界は人間が思考する世界とは全く似ていない。それを検討するために、旧ソ連を代表する心理学者であるアレクサンドル・ルリアが一九三〇年代に中央アジアにおいて行った、ある読み書きができない大人の三段論法についてのテストにおける会話を見てみよう[25]。

(最初に、「綿は暑くて乾燥したところだけに育つ。イギリスは寒くて湿気が多い。そこでは綿が育つだろうか」という質問がなされる。)

参加者　わからない。

実験者　考えてみて下さい。

参加者　私はカシュガルにしかいたことがないから、それ以上のことは分からない……

実験者　私があなたにお話したことからそこに綿が育つということになるのでしょうか。
参加者　もし土地がよければそこには綿が育つ。じめじめした悪い土地なら育たない。カシュガルのここみたいなところなら育つね。そこの土地がぼろぼろして軟らかくてももちろん育つ。
実験者　（三段論法を繰り返す）私の言ったことからどのような結論になりますか。
参加者　寒ければ綿は育たない。柔らかくて良い土地ならば育つ。
実験者　私のことばからどういうことが出てきますか。
参加者　われわれ回教徒のカシュガル人は無知な民族だ。われわれはそこにいったこともないし、そこが寒いか暑いかも知らない。

（ルリヤ『認識の史的発達』森岡修一訳、明治図書、一五六―一五七頁）

ここで取り上げられている課題はもっとも初歩的な三段論法である。P→Q（綿が育つならば、そこは暑くて乾燥している）とQ（イギリスは寒くて湿気が多い）という前提がある。当然ここから帰結できるのは$\overline{P}$（綿が育たない）である。[*2]確かに、論理学ならばそうなる。しかしながら、この男性はそう考えていない。またこの調査の参加者となった学校経験のない多くの人々も同様の答えをしている。

しかし事実問題としたならば、「わからない」がもっとも妥当な答えではないだろうか。

実際、イギリスのどこかの植物学の研究室では、研究のために栽培を行っているかもしれない。また、イギリスといっても大ブリテン島だけがイギリスではない。彼らは当時世界中に多くの自国領を有していた。その中のどこかで綿が栽培されているかもしれない。

論理学は与えられた前提は疑うべきではなく、また前提以外のことを考慮してはならないという世界である。しかし我々が思考を行う世界はこれとは全く異なっている。我々は日々新たな情報を獲得し、それを知識として貯え、過去の知識を修正したり、洗練したりしている。また、関連する前提をすべて考慮することは処理能力を超える場合も多いので、ある場合には考慮する前提はその一部だけのこともあるだろう。こうした世界では、前提は確実ではない場合の方が多いし、いわゆる「与えられた」前提だけからでは何の帰結も出てこないことは日常茶飯事である。したがって、我々が思考を行う際には、前提を疑ったり、足りない前提を補ったりすることがどうしても必要となる。

論理学の世界のもう一つの特質は、それが扱うのは内容を持たないシンボルだという点にある。「イギリス」とか「綿花」というのは、実際のイギリスであったり、綿花であったりする必要がないということである。それらはいわゆるシンボルである。だから、「イギリス」を「島根」、「綿花」を「こんにゃく」と置き換えても、上の三段論法から導かれる結論は同じである。一方、我々が思考する対象は実際の世界の中で意味を持つ対象である。

前提となる世界のこうした違いが、論理学と人を隔てているのではないだろうか。だから論理学的なルールに従わないというのは、人の能力の欠如に由来するのではない。

メンタルモデル理論

フィリップ・ジョンソン＝レアードは、論理的推論について新しい理論化を試みた。彼は、人間はルールに従うのではなく、既知の情報を用いて心的に一貫したモデル＝メンタルモデルを構成し、そのモデルを吟味することにより思考を行っていると主張する。ここで「心的に一貫している」というのは、前提の間の一貫性だけではなく、既に知っていることとも矛盾しないという意味であり、「モデル」というのは主要な情報がもれなく意味的関係で結びついているという意味である［26］。

この理論は次のようなきわめてシンプルな、しかし当たり前の仮定を措く［27］。

1 （問題中の）対象はトークンとしてメンタルモデル内に表象される。*3
2 対象の性質はトークンの性質として表象される。
3 対象間の関係はトークン間の関係として表象される。

ここで大事なことはメンタルモデル内のトークン、性質、関係は、我々が頭の中でイメージ可能な具体的な形式で表象されているということである。そして推論はこうして形成されたメンタルモデルを変更、解釈することにより行われるというのがジョンソン＝レアードの主張である。

これはある意味当たり前のことである。私は彼の本をはじめに読んだ時に、あまりに当たり前すぎて何が目新しいのか、なぜ皆が注目するのかが理解できなかった。ある状況に置かれれば、人がその中の対象やその間の関係のモデルを頭の中に作り出すこと、つまり状況の表象を作り出すことは、認知の基本中の基本だからである。

しかし彼の理論を推論研究の文脈に置くと、その斬新さが見えてくる。それまでのこの分野の研究では、人は状況の中から命題の型だけを抜き出し、それに対応した推論ルールを適用すると考えてきたのである。つまり人を推論マシン、あるいは論理型プログラミング言語のようなものとして捉えてきた経緯があったのだ。こうした次第だから、ジョンソン＝レアードの理論は、斬新というよりも、それまでの推論研究の異常な前提をあばきだしたとも言えるかもしれない。

さて、彼はこの考えを三段論法を例にとって説明している。メンタルモデル理論に従えば、三段論法は次のようなプロセスで推論が行われるとされる。

1 第一前提についてのメンタルモデルを形成する。

2 第二前提の情報を先のメンタルモデルに付け加える(ここでは複数のモデルが形成される場合もある)。

3 でき上がったメンタルモデルの全てに共通する関係を抜きだし、それを結論とする。

4 結論に対する反例を探す。

この理論ではプロセスの1、2において背景知識、一般的な知識の介入が想定されている。たとえば、数字とアルファベットを用いた典型的な四枚カード問題(偶数の裏は母音でなければならないという問題)と「ある人がビールを飲んでいれば、その人は二十歳以上でなければならない」という問題[8]を比較してみよう。前者では規則の違反例を想定することが困難であり、その結果メンタルモデルの中にそうした対象がトークンとして表現される可能性はきわめて低い。一方、後者では規則に違反している(仮想的な)人物を容易にトークンとしてモデルの中に含めることができ、規則違反の人間がどの例に該当するのかを容易に推論することができる。

問題の意味内容に関連した、このような人間のパフォーマンスの変化を、形式的なルールによって説明することはきわめて難しい。それはある意味当たり前のことである。なぜなら意味内容を考慮しないということが形式的なルールの要件だからである。一方、メンタルモデル理論においては、人は既有の知識を用いて、問題中の対象の意味内容を分析し、意味的に一貫したモデルを構成するとされており、問題文の意味に応じた人間の推論パターンの変化を説明するための枠組みが用意されている[*4]。

以上のように、現実世界の人間は不確実な前提の中で、その対象の意味を考えながら思考を行う必要がある。したがって、人間が思考を行う世界は、形式的ルールが仮定するような意味のないシンボルを、完全、確実な前提の下で操作する世界とは全く異なっているのである。こうしたことから考えれば、形式的ルールを使いこなせないことが、人間の無能さに由来するものではなく、その世界の特性を反映したものであることがわかる。

ルールの利用のコスト

内容独立の抽象的なルールが用いられないもう一つの理由は、適用のためのコストに関係する。抽象的なルールが広い範囲に応用可能なのは、それが変数（あるいは変項）を含むからである[10]。変数は特定の値ではなく、ある集合を指し、その集合に属するものにはすべて適用可能となっている。「前件が成立していれば後件は必ず成立する」、「三人称単数現在であれば、動詞の末尾にはsをつける」、「事後確率は事前確率と尤度の積をデータの発生確率で除したものである」などのルールは、前件、三人称単数現在、事前確率等々の変数を含んでいる。そしてこれらの変数が関わるものであれば、ほぼ無差別にそのルールを適用し、有益な結果が得られるようになっている。

しかしこの変数というのが曲者なのである。変数については、変数の選択、変数の解釈、対応づけの三つの困難が待ち受けている。中学数学の以下の例を考えてみる[28]。

$$(x+2)(x-4)=8$$

という問題を出すと、その答えを2、6などとする子供達が相当数いる。これの理由を聞いてみると、おおむね

掛けて8になるのは4と2だから、$(x+2)$が4で、$(x-4)$が2でしょ。だからxは2と6

というような答えが返ってくる。この間違いは、

$$(x-a)(x-b)=0 \Rightarrow x=a,b$$

という公式を覚えた後に現れる。上の式の右辺の0は変数ではなく、定数（それも0）で

なければならない。しかしこの時期の子供は、文字式を覚えているせいか、ここも変数と解釈してしまうため、「掛けて0ならば、どちらかが0」を「掛けてxならば、答えはxの約数」という形で理解してしまう。つまり定数を変数としてしまうという、変数選択の誤りが見られる。

変数の解釈については次のような例が挙げられる。因数分解で和と差の積a^2-b^2を学習した後に、もしx^2-y^2を出せばほとんどの子供は正しい解を導くことができる。しかしここで$4x^2-y^2$という問題になると、正解できる子供はわずかであり、x^4-y^4となればほとんどいなくなる。これは学習者の変数の解釈が、教師の想定するものとは異なっていることを示している。言うまでもないが、公式中のx^2というのは、何らかの数の二乗を示すものなのだが、子供は2を「2という上付き文字」程度のこととして解釈しているのだろう。だから4が出てくれば、それは公式に当てはめることは困難になると考えられる。

また、ルールの使用にあたっては、ルールの中で表現されている事柄のどれが、今の状況の何に対応するのかを決定しなければならない。抽象度の低いルールであれば、ルール中の事柄に現実の場面との直接的な対応をとるための情報が含まれている可能性が高い。たとえば「パパの月曜日の朝食はハムサンド」などという家庭内ルールであれば、「パパ」、「月曜日」等々の具体物が存在し、場面の与える情報とのマッチが簡単に取れる。しかし、抽象的な記述になればこうした情報は存在しなくなり、現実に与えられている情報との対応をとるためには、いくつもの解釈プロセスが必要になる。

こうしたことからすれば、人間は過度に抽象的なルールに依存して思考するよりも、意味情報を内に含み、様々な形でのチェックがしやすく、対応のとりやすい、文脈に依存した知識に依拠して思考を行う方が合理的であることが導かれる。

1・7 知識の文脈依存性

本章では内容独立の論理学的ルール、領域に固有な抽象的ルールの利用可能性を検討した。これらから明らかになったことは、教授されたルールであれ、自発的に生成したルール（と見なせるようなもの）であれ、その利用は文脈や状況に依存しているということである。ある領域やその中の現象、問題一般に適用可能なルールを教示されたとしても、人はそれをうまく場面に適用できないことが多い。したがって人間の知識は汎用性に乏しく、状況や文脈に強く制約されているということになる。

この文脈依存性は決して実験室の中で人工的に作り出された現象ではない。このことは現実の教科の学習場面を考えれば即座に了解できる。一般に、理数系の教科では公式、法則、解法がまず例題とともに教示され、いくつかの関連問題で練習を行い、応用問題へと進む。したがって、応用問題を解く際には、それにおいて用いられるべき事項はすでに学習済みのはずである。にもかかわらず、応用問題は難しい。ある公式を適用しなければならないことがわかっている問題ですら、解けないケースは少なくない[29]。

こうしたことはすべて、人の知識が文脈依存であることを示している。仮に抽象的な形でルールが導入されたとしても、人がそこから構成する知識は文脈情報を含み込んだものとなっているのである。知識には文脈情報が抜き難い形で入り込んでいるのだ[30]。

こうした文脈依存性は何も人間の無能さ、または非合理性を意味しているわけではない。そうではなく、人間の知識の文脈依存性は半ば必然的なものである。その理由は、ルールが「利用されねばならないもの」ということに由来する。ルールを学習するとは、「$F=ma$」を暗記することではないし、P(A｜B) という刺激に対して、P(B｜A)P(A)/P(B) と反応するような連合学習をすることでもない。ルールの学習には、様々な場面でそれらを適用できるようになることが求められている。一方、ルールは基本的に変数を含んでいるため、現実の問題状況の中のどの情報が、ルールのどの部分に該当するかを解釈しなければならない。しかしながら、ルールにはそのような対応関係の解釈のための規則は通常書かれていない。このような条件下で学習を行うためには、それが不完全なものであるとしても、ルールが確実に当てはまる問題の文脈情報を取り込んだ方がよい。なぜなら、それによってルールの適用範囲が狭まるにしろ、ルールを確実に適用できる問題、状況を確保できるからである。

こうした文脈依存性を含んだ人の思考過程をうまく捉えるためには、類似が鍵となる。文脈依存性を類似の観点で言い換えれば、私たちの思考の認知システムは、学習した文脈と類似した文脈情報を持つ問題群にうまく、そして素早く対処するように設計されているということである。これによってルールやその適用場面での面倒な解釈をスキップすることが可能になる。こうした戦略は、熟考が許されない限られた時間の中の場合、環境にあまりバラエティーがない場合には有効な戦略となる。

ただし、この類似に基づく認知という戦略は、上で見てきたようにその代償も大きい。本来、広い範囲に適用可能なルールが、学んだ文脈と似たような文脈でしか使えないからである。また例外的ではあるが、人は学んだことから、広い範囲の問題に対処できる場合もある。類似をベースにしながら、人の思考を考える場合には、この難問を解かねばならない。

この難問にチャレンジする前に、次章では、人の認知全般に類似が様々な形で貢献していることを紹介してみたい。

注

＊1　ベイズの定理に従えば次のように計算する。

$P(H|D) = P(D|H)P(H)/P(D) = (80 \times 15)/\{(80 \times 15) + (20 \times 85)\}$

分子は青タクシーが事故を起こし、正しく青タクシーと証言する確率。分母は目撃者が青タクシーと証言する確率である。分母の第二項目は、緑タクシーを見たのに青タクシーと証言する確率を表す。緑タクシーの事前確率が八五パーセントと高く、ここが大きくなるため、結果として式全体の値は小さくなる。

＊2 実は、このようにモデル化をしなければならない理由は論理学自体の中には見つからない。

＊3 トークンというのは何かの代理物として用いられるものを指している。特にこの文脈では、具体的に表現、イメージされたものという意味で用いている。たとえば「何人かの芸術家は銀行家である」という命題を頭の中で表現するとき、芸術家であり銀行家である人、芸術家であり、銀行家ではない人、銀行家であるが芸術家でない人などをイメージしたものをトークンと呼んでいる。ジョンソン＝レアードは、これらを以下のように図式的に表現しているが、特に図に表さねばならないというわけではない。

芸術家
芸術家
　　芸術家＝銀行家
　　芸術家＝銀行家
　　　　銀行家
　　　　銀行家

＊4　メンタルモデル理論では、モデルの数と作業記憶の容量の問題も推論に強く関係することが主張されているが、本章の趣旨とはまた別の問題なのでこれについての詳しい説明は省く。

第2章　類似の諸相

前章では思考が内容独立のルールに基づいたものではないことを示し、類似がその基盤にある可能性を指摘した。しかしながら、類似については以前から厳しい批判もあった。そこで、この章では、心理学、認知科学において、人の類似判断がどのように捉えられてきたのかをまず初めに述べようと思う。次に、類似判断が思考を含む認知活動にどのように入り込んでくるのかを述べる。最後に、類似が愚かな思考だけでなく、優れた思考にも関与するための条件を考えてみることにする。

2・1　貶められた類似

何かが何かに似ていると意識して思うのは、そっくりさんとか、モノマネとか、そういう特殊な場合に限られているように思われるかもしれない。また、二番煎じ、パクリ、贋作、盗作、剽窃などのように、何かと何かが似ているというのは、ネガティブに捉えられることも多いのではないだろうか。たとえば「君はXさんに似ているね」と言われた時、そのXさんが世紀の偉人、よほど魅力的な芸能人などである場合を除いて、あまり嬉しい気持ちにはなれないだろう。また自分のそっくりさんが現れたり、自分とよく似た論文を書く人がいたりすると、何か不愉快な感じがしてくる。

原章二は類似について「何かと似ているものは、先在するその何かとの関係において規定される。それは自分の内部に存在の根拠を持ち得なくなる」と述べ、こうした人の考え方が、十七世紀のデカルトに始まる、個我、オリジナルへの執着に由来するものであることを指摘し、フーコーの言葉を借り[1]ながら、類似について次のように述べている[2]。

> 知の出発点にいながら十七世紀においてすでに「知の片隅、最も卑しくみすぼらしい辺境に追いやられた」(フーコー)という類似の末路は、ここに極まったと言えるかもしれない。(中略)明晰さを信条とする知が、曖昧この上ない類似を恐れたということを意味しないだろうか。(一二七頁)

第1章で批判した、人の思考がルールに支配されているという考え方は、原の指摘の延長上にあると思われる。つまり、理性の基盤となる思考が、類似などという曖昧なものに支配されてはならないとする考えが、思考＝ルール（論理）説の背後にあるのではないだろうか。

類似が曖昧というのは、すごく似ているとか、やや似ているとか、あまり似ていないなどのように、程度の問題が絡んでくるからだろう。すると、どこから先を似ているとし、どこまでを似ていないというのかを明確に述べることは難しくなる。また第3章で述べるように、基準をどのようにとるかにより、類似は変化する。

一方、抽象的ルールが持つ変数（変項）は、そこに含まれるもの、含まれないものを明確に区別する。ある文が「三人称単数現在」というのは、そうであるか、そうでないかの二つのケースしかありえない。三単現に似ている文、などというのは存在しえない。また基準を変えると、三単現の文がそうでなくなるということもない。この見方では、世界が明確にそうでないか、そうかということに切り分けられるのである。

しかし上に挙げた引用の中で「知の出発点にいながら」と原が指摘するように、類似は人の認知の世界では大活躍している。類似抜きに語れる認知はほとんど存在しない、と言えるくらいなのだ。やや列挙になるかもしれないが、一つずつ紹介しようと思う。

2・2 概念と類似

定義としての概念

私たちは世界の中にある様々な事物についての知識を頭の中にたくわえている。「リンゴ」、「ネコ」、「コンピュータ」、「運動会」、「餃子」、「首都」、「微分」、「妊娠」、「愛情」などなど、私たちはこれらについてとてもたくさんのことを知っている。そのおかげで、あるものがリンゴなのかを判断できるし、運動会で適切に振る舞うこともできるし、物理現象の変化の仕方についても知ることができる。こうしたものは、概念として私たちの中に存在している。*1

上の例から分かるように、概念には辞書的な定義をはるかに超える情報が含まれている。たとえば、リンゴを手元にある辞書でひいてみると、「バラ科の落葉高木。ヨーロッパで古くから果樹として栽培され、日本には明治初期に導入された。春、枝頂に微紅色の五弁花をつける。果実はほぼ球形で、果皮は紅色・緑黄色など。果肉は花托が発達したもので、甘酸っぱく芳香があり、生食の他ジャム・ジュース・酒などにする」などと書かれている。確かにこの中には私たちが全然知らないことも書かれている。しかしその逆のことの方がはるかに多い。リンゴは普通、どのくらいの重さ、硬さか、どうやってむくか、切るか、食べられる部分はどこか、これを食べたおかげで楽園追放、ニュートンの発見のきっかけ、など数え上げればきりがない。

このように、概念やカテゴリーは、私たちの認識と行動を支える最も基礎的な要素、building block と言えよう。前節で述べたように、こういうきわめて価値の高いものは、類似とは全く無縁であると考えられてきた。そこで多くの研究者たちは、概念というものはそれに属するものの集合を明確に区分する「定義」からなっていると考えてきた。なおここで定義的特徴というのは、必要十分条件のことである。つまり、その概念の事例は必ずその特徴を持っているし、そうした特徴を全て持っていればそれは必ずその概念に含まれることを指す。たとえば、偶数は2で割り切れるとか、親族上の叔父さんは父母の兄弟だとか、殺人は意図を持って他者の生命を奪うことだとか、これらは今でも多くの人に共有されているだろう。また前章で述べてきた抽象的なルールが持つ変数や変項も、ある概念、カテゴリーを表している。そして、それらの概念の定義に従う情報が存在すれば、そのルールを適用し、有益な推論が可能にな

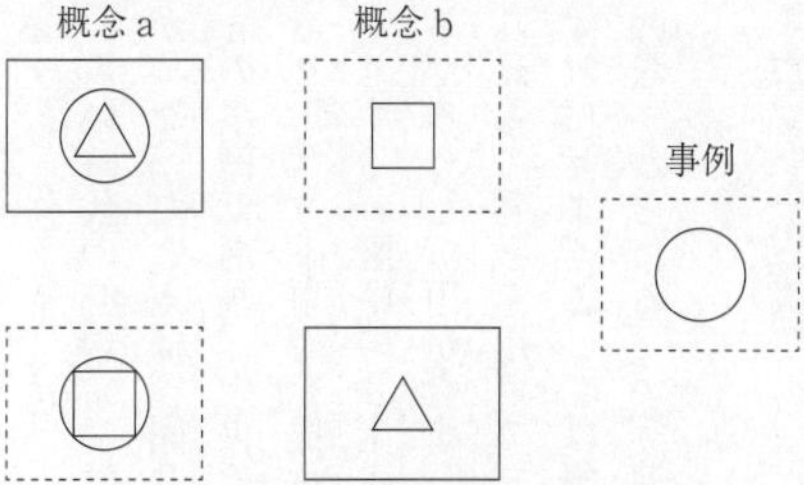

図2・1：古典的な概念の研究素材
左の事例は概念 a なのか、概念 b なのかを問う。

る。

古い時代の心理学では、概念の学習というと人工概念と呼ばれるものを用いることが多かった。たとえば、図2・1で示したようなものを参加者に提示し、左の列の二つは概念aの事例であり、中央の列の二つは概念bの事例となっていると告げる。そして、右にあるターゲット事例を提示し、これが概念aに属するのか、概念bに属するのかを判断させたりする。図中の要素の数に注目したとすれば、ターゲットは概念bに属すると判断されるだろうし、円が含まれているかに注目すればターゲットは概念aに属することになる。これらの刺激を用いて、人間はどんな特徴に注目しがちなのかなどが研究されてきた。いずれにせよ、ここでは概念というのは明確なルール＝定義的特徴（円の有無、または要素の数）からなるという前提に立っている[31]。

ロッシュの革命

ところがこの常識をひっくり返す研究がエレノア・ロッシュという研究者によって始められ、爆発的に広がった。*2 これらの研究が示したことは、（1）果物、鳥などの日常の概念（自然概念と呼ばれる）には、ほとんどの場合定義的特徴は存在しないこと（家族的類似性）、（2）人が挙げる「定義」はその概念にとって本質的でない特徴に基づいていること（特徴的特徴）、（3）概念の事例には「それらしさ」、「それっぽさ」を表す典型性が存在することである（グレード構造）［32］。

以上の事柄を「鳥」の概念について考えてみる。鳥の定義的特徴はなんだろうか。羽根がある、空を飛ぶ、嘴があるなどが挙がるかもしれない。しかし羽根があったり、空を飛んだりするものには、蝶や蚊などもいる。また嘴があるというと、カモノハシも鳥に含まれてしまう。また空を飛ぶという性質は、ニワトリやダチョウなどの飛ばない鳥を考えれば、本質的な特徴とは言えない。むろん鳥の遺伝子を調べれば何かがわかるかもしれない。しかしふつうの人は遺伝子で鳥を見分けるわけではない。また、もし何かに定義があるとすれば、その定義を満たす事例は平等な扱いを受けるはずだ。偶数らしい偶数と偶数らしくない偶数というのは考えにくい[*3]。一方、「鳥の事例をあげてください」と言われて、はじめからダチョウ、クジャク、ハシビロコウなどを挙げる人はいない。ハト、スズメ、ツバメなどに比べて、これらは鳥らしくないからだ。つまり鳥概念の各事例は平等な扱いを受けているわけではないのだ。

そもそも人間の概念を研究するのに、どうして図2・1のようなヘンテコなものを使わなければいけないのだろうか。理由は簡単で、ふつうに私たちが用いている概念は、定義しようにも定義できないからなのだ。これに気づいたからこそ、図2・1のような人工概念を用いることになったのだ。そして、そのおかげで概念には定義があるという前提を捨てずに済んだわけである。心理学の歴史ではこれが「概念」と呼ばれ、日常の概念をわざわざ自然概念と形容詞付きで呼んだりした。奇妙な話だが、科学の世界にはそうしたことはよくある。[*4]

さてロッシュらの研究から生み出された知見は、「概念とは何か」についての見方を根源的に変えた。それは概念は定義的特徴からなるのではなく、プロトタイプとして存在しているという考えである。プロトタイプが何かについては、異なる見解があるが、概ね典型的と判断される事例が持つ特徴群（あるいは典型的とされる（諸）事例）とされる。鳥に関して言えば、ハト、スズメ、ツバメなどが持つ特徴群となる。別にこれらの特徴をすべての鳥が持っているわけではないので、鳥のプロトタイプは、やや奇妙な言い方だが、特徴的特徴（characteristic feature）からなっているとされる。[*5]

概念を支える類似

さて本章の観点から見て大事なことは、あるものがある概念の事例であるかどうかを決めるカテゴリー判断は、このプロトタイプとの類似性に基づいているという点である。ツバメは鳥のプロトタイプと様々な点で類似しているので鳥らしいと感じるだけでなく、カテゴリー判断にかかる時間も短い。ワシやタカなどはサイズなどの面で類似していないので典型性は減少し、判断にかかる時間も長くなる。さらにダチョウやエミューはサイズも類似していなければ、飛ぶという性質も共有していないので、さらに典型性は減少し、判断時間はさらに長くなる［36］。

概念の心理学的なモデルには、さらに過激なものもある。それはプロトタイプは存在せず、これまでに経験した概念の事例のみが存在しているという、事例モデルである。これに基づけば、ある対象がその概念の事例となるかどうかは、その対象とそれまでに経験した全事例との間の類似度によって判断される。もし類似した事例が数多く存在していれば、その対象はより典型的なものと判断され、それに要する時間も短くなるという［37］。

従来、概念は認識の中核にあり、知の基盤として扱われてきた。そして、それは事例かそうでないかを区別する明確なルールから構成されていると考えられてきた。しかし、こうした仮定は覆され、そこに類似という不純で、曖昧な成分が入り込んでしまったわけである。実は、類似は他の様々な知的活動に大きな影響を与えている。これは概念が認識の中核にあることを考えれば、特に不思議なことではない。

2・3　帰納と類似

帰納については様々な定義があるが、ここでは事例からの抽象化を行う心の働きを指す、としておく。様々な犬を見て、犬の概念を作り出すというのは典型的な帰納である。前節の言い方で言えば、帰納とは様々な事例から、それらに共通する特徴を発見、集約する心の働きである。

ただ上の犬の例は矛盾を含んでいる。「様々な犬を見て、犬の概念を作り出す」という部分である。犬の概念をまだ作り上げていない子供を考えてみる。この子供は現在観察している対象は犬とはわからないはずである。また犬が現れる全ての場面で、親がいちいち「犬だよ」と教えるわけでもない。

だとすると、彼が今見ている対象、これまでに見てきた様々な犬は、どうしてひとまとまりになるのだろうか。この難問の解決は、類似に答えを求めるほかない。つまり、今まで見てきた、まだ犬と概念化されていない諸事例と、現在見ている犬らしき対象が似ているから、これらはひとまとまりにされるとしか考えようがない。つまり帰納はその根幹に類似性判断を含んでいるのである。

類似はこうした概念形成という意味での帰納においてのみ働くわけではない。帰納が絡む他の認知活動にも深く関与している。カテゴリーに基づく帰納を取り上げてみよう。たとえば、「ハトには尺骨静脈がある」という新しい情報を得たとする。この時、むろんこの性質はハトに固有という判断を下すかもしれないが、それを拡張する場合もあるだろう。たとえば、「ツバメにも尺骨静脈がある」とか、「ダチョウにも尺骨静脈がある」、さらには「鳥は尺骨静脈を持っている」などのようにである。

この時、どこまでその情報を拡張するかは、類似性に深く関係している[38]。当然だが、ハトと類似している鳥には拡張されやすいし、類似していない鳥には拡張されにくい。またカテゴリー全体への拡張（この場合で言えば鳥一般）は、その事例がどれほど典型的かに依存している。ハシビロコウのようなとても不思議な鳥が尺骨静脈を持つと聞いても、それが鳥全体に拡張されるとは考えない。

これらは単一の事例からの帰納であるが、複数の事例が関わるケースでも類似が関与する。たとえば「ハトもスズメも特徴Xを持つ」という前提から、鳥全体に拡張するか否かを問われるよりも、「ハトもハシビロコウも特徴Xを持つ」から鳥全体への拡張を問われた時の方が肯定する度合いが高まる。つまり前提となる二つの事例の間の類似性が高ければ拡張は起きにくく、低ければ起きやすい。このように得られた情報をどこまで拡張するかにも類似性が深く関わっている。

2・4 記憶と類似

記憶は単一のシステムではない。心理学では、感覚記憶、ワーキングメモリ（短期記憶）、長期記憶に記憶を区分する。そして長期記憶は、エピソード記憶、意味記憶、手続き記憶の三つに分けられることが多い。

この中のエピソード記憶とはその名の通りエピソード（出来事）についての記憶である。

これには、不動の原理が存在する。それはエンデル・タルビングという、この分野の第一人者が唱えたもので、符号化特定性原理と呼ばれている。この原理は、エピソード記憶の想起の際の手がかりは、それが記憶する場面に含まれている場合に有効となる、というものである。わかりやすく言うと、記憶した場面（符号化と呼ぶ）と思い出す場面（検索と呼ぶ）の類似度が高ければ、思い出しやすいということである［39］。

これを明らかにする実験は数多くなされているが、印象的な実験はスキューバダイビングの学校で行われたものである。実験は、単語リストの学習を陸上で行うか、水中で行うか、また想起を陸上で行うか、水中で行うかで、四通りの場合があった。この結果、学習と想起の状況が一致する場合（陸上―陸上、水中―水中）は、そうでない場合（陸上―水中、水中―陸上）よりも再生した単語数が多かった。つまり、符号化状況（学習）と検索状況（想起）が類似しているほど記憶が促進されるのである［40］。

また意味記憶においても事態は同じである。たとえば、古典的なカテゴリー群化についての実験では、いくつかのカテゴリーの事例からなる単語リストを記憶する場合、同一のカテゴリーに属するものはまとまって再生されやすいことを指摘している［41］。同一のカテゴリーに含まれる項目は、共有する特徴が多いので類似している。だから同一のカテゴリーの項目が連続して想起されやすいという事実は、意味記憶内の項目が類似関係によって結びついていることを示している。

こうした実験結果は、意味的に類似しているもの（つまり特徴を共有しているもの）がまとまりを作り、一つのカテゴリーを形成し、それらは緊密に結び付き、ネットワークを形成しているという、意味ネットワーク理論を生み出した。これに活性化の拡散という概念を導入することにより、意味的に類似している項目の再生のしやすさがうまく説明できるようになった[42]。

2・5　言語と類似

言語に関わる様々な活動においても、類似判断はきわめて重要な役割を果たしている。子供は生まれた時には何も話したりしないが、二歳前後から六歳までの間は一日平均六〜一〇単語程度を学習すると言われている。固有名詞は別だが、名詞はある概念、つまり集合を指示している。だから「犬」という単語を覚えたということは、犬全体にそれが拡張して利用できることを意味する。この拡張において類似、特に形の類似性はとても重要である。今井むつみらの一連の研究では、子供は新規な単語を学習した時には、色やサイズではなく、形が似たものへと拡張することが示されている[44]。

類似の果たす役割は、コンピュータによる言語理解にも見られる。長年に渡って機械翻訳の研究を続けてきた長尾真は、ルールによる構文解析をベースにした翻訳は言語構造が同じ言語同士の間ではある程度までうまくいくが、日本語と英語のように構造がかなり異なる言語間では機能しないと述べている。また、こうした方式では比喩的な表現（Acid eats metal. のような）を適切に翻訳するのはきわめて困難であるとも指摘している [45]。比喩文などに見られる言葉の用法のようなきわめて例外処理が多い対象に対して、一つずつそれをルール化するというアプローチは機能しないのである。

こうしたことから、既に出会ったことのある類似の例文をデータベースの中から探し、そこでの訳語の選択をそのまま用いるという方法が提案されることになった。これは記憶依存型の翻訳と呼ばれている。ここではまず、与えられた文章を構文規則に従って分解し、その訳とペアにしてデータベースに貯えておく。そして翻訳すべき文章が与えられた場合、そこに含まれる単語群とデータベース中の単語の類似度の総和をとり、その得点の最も高いものを翻訳候補とする。そして、その候補を記憶されている実例との距離との関係でもっともかどうかを判定する [46]。

近年、注目を集めている深層学習（deep learning）も基本的にはこのラインの拡張と考えることができる。つまり、ある文章（単語列）の入力が、これまでの入力の結果とどれだけ類似しているかを判別し、それに基づいて訳語や次に来る単語を予測している。ただし、扱う特徴次元、参照する例文の数が莫大になっている点が異なっている。この量的な拡大により、訳文などの精度は飛躍的に向上している。

2・6　学習の転移と類似

第1章でみてきたように、数学や物理の法則、公式、解法などの応用、転移は、教える側が期待するレベルとはかけ離れている。エドワード・ソーンダイクという心理学全体のパイオニアとも呼べる人は、学習の転移は学習課題と転移課題の間にどれだけ共通の要素があるかによって決まるという、同一要素説を百年以上前に唱えていた[47]。同一の要素がたくさんあれば、その二つは類似しているわけだから、ソーンダイクの説は類似に基づくものといえる。

彼の行った研究は、図形の面積の推定、線分の長さの推定など、きわめて単純で要素的な課題であったが、これと同じことはもっと高級なルールの学習においても生じる。私は以前、仕事算と呼ばれるタイプの問題を学習課題として扱い、その転移について調べたことがある。仕事算とは、

太郎はある庭の芝刈りをするのに一〇時間、二郎は五時間かかります。この芝刈りを二人で行うと何時間で終るでしょう。

というような問題である。これは、全体の仕事量を1とおき、各々が一日で行う仕事の量を求め、これを足したもので全体の仕事量＝1を割れば答えが出る。すなわち、1/(1/10＋1/5)という式を立てればよい。これを学習した後に、

ペンキ塗り問題　かおりが一人である壁のペンキを塗ると三時間、さおりがやると五時間かかります。二人で一緒にペンキを塗ると何時間で終わりますか。

水槽問題　Aの蛇口から水を水槽に入れると五時間で満杯になります。Bの蛇口だと一〇時間かかります。二つを同時に開くと何時間で水槽が満杯になりますか。

出会い問題　P町とQ町をつなぐ一本の道があります。Xさんがここを歩くと二時間、Yさんだと三時間かかります。二人がそれぞれP町、Q町から同時に出発したら、彼らは何時間後に出会うでしょうか。

などの問題を転移課題として出した。言うまでもなく、この三つの問題は、学習した芝刈り問題と同じ解法で解くことができる。

結果は予想通りで、ペンキ塗り問題の正答率は高かったが、水槽、出会い問題の正答率

はそれよりもずいぶんと低くなった。芝刈りとペンキ塗りはどちらも仕事という意味で類似している。一方、水槽を満杯にすることや、道で出会うことは、元々の芝刈りという事態とは全く類似していない。つまり芝刈りの例題との類似関係を見て取ることができないために、それらへの転移が阻まれるのである。

これらの結果は、類似が学習を支えているというよりは、妨害しているかのようにも解釈できる。ただ、どういう言い方をするかはともかく、学習とその転移の中に類似判断が入り込んでいることは確かなことと言えるだろう。

2・7　創造と類似

創造とはこれまでにないものを作り出すことである。何かすでにあるものと類似したものは創造的とは呼ばれない。だから創造と類似は無関係のようにも思える。そして類似度を高めようとする行為、つまり模倣は、創造の文脈では侮蔑語となる。

創造的問題解決について長年研究を続けている、ロナルド・フィンケらのグループは、人間は新しいものを創造する時に特定の事例を想起する傾向がきわめて強いことを指摘している。たとえば、地球外に存在する生物を想像せよという課題を与えると、地球上の生物の持つ中心的特性をすべて保持した生物を作り出す。すなわち、これらの生物は、地球上の生物とほぼ同じ位置に目などの感覚器官、移動のための足のような器官を持ち、左右対称であるという特性を持っていた。また、ウロコを持つ、または羽を持つという条件をつけて想像させると、ウロコを持つと言われたグループは彼らの創作物にエラやヒレ、羽があると言われたグループは嘴をつける参加者が増加する。つまり、作るべきものに類似した既存のものを検索し、そこに微調整を加えるのである［48、49］。ここでは学習の転移で見た類似のネガティブな影響と同様の影響が創造に対して働いている。

一方、これとは全く別の指摘もある。小林秀雄は、モーツァルトがどんな音楽家の真似でもできると述べていた書簡を引きつつ、次のような有名な一節を残している。

模倣は独創の母である。唯一人のほんとうの母親である。二人を引き離して了《しま》ったのは、ほんの近代の趣味に過ぎない。（小林秀雄『モオツァルト・無常という事』新潮文庫）

そして模倣をせずに、模倣できないものを作り出すことなどできない、と続けている。

小林の指摘は直感的なものであるが、伝統芸能の伝承場面では模倣が唯一の学習手段となっている。伝統芸能の伝承を研究してきた教育哲学者の生田久美子は、師匠の芸の模倣とその繰り返しが弟子に求められることだと指摘する。師匠の芸を見て、弟子はそれと同じようなることを繰り返す。そして師匠はきわめて不透明な評価（「アカン」、「もう一度」等）のみを与える。そして弟子は自ら何が「アカン」のかを考え、また模倣を繰り返すのだ。そして弟子たちは表面的な振る舞い＝「形」の模倣を超え、「型」を習得していくと言う[50]。

以上のことが告げるのは、創造の場面でもある時にはポジティブに、別の時にはネガティブに類似が参入してくるということである。

類似は認知の様々な場面に登場し、活躍している。その活躍の仕方は正義の味方的な場合もある。そもそも定義など存在しない自然概念を理解するためには、類似、そしてその集積体であるプロトタイプの助けを借りなければならない。概念が認知の中核に位置することを考えれば、概念が関わる様々な認知現象に類似が入り込んでいることは半ば自明のこととなる。実際、帰納、記憶、言語など、知性の中核をなす認知活動の中に類似は深く関与していた。加えて、類似の判断は、限られた時間の中で、子供でも簡単にできるほどのものであるため、きわめて自動的になされる。よってこの判断は心的な労力が最小限で済むようになっている。

一方、こうした類似、およびその判断の仕組みは、思考や学習といった人間ならではの活動にはネガティブに働くこともある。2・6節で見たように、覚えたルールは覚えた文脈の中でしか使えないのは類似のせいである。また本節では、既存の類似したものへの依存は創造を妨げる場合があることをも見てきた。

こうした問題をどのようにクリアしていくのかは、思考の基盤としての類似を唱える本書にとってきわめて重要な課題となる。ただその前に、類似の判断はどのようになされるのかを見ていく必要がある。おそらく、そこに類似のポジティブな働きも、ネガティブな働きをも解明する糸口があると考えるからである。

2・8　類似性判断のモデル

類似の幾何モデル

何かと何かが類似しているということを別の言い方にすれば、「近い」となる。似ているものは近く、似ていないものは遠いという直感は誰にでもあると思う。英語でもcloseというのは似ているという時にも用いられ、たとえば「意味が似ている」というのは、"be close in meaning"などと言ったりもする。*6

こうした直感をそのままに体現したのが類似の幾何モデルである。様々な対象を二つずつペアにして、どの程度それらが似ているかを判断させる。その結果に対して多次元尺度解析（ＭＤＳ）と呼ばれる統計的手法を施し、n次元の空間上に配置する。わかりやすく言えば、各対象間（たとえばいろいろな駅）の距離を求めて、そのデータから地図を作成するようなものである。

n次元に配置すると言っても三次元を超えれば、ふつうの人間には全く解釈ができないので、多くの心理学的な研究では二次元に配置することが多い。この時、軸がうまく解釈できると、人が何を基準に対象の類似性を考えているのかがわかる。たとえば様々な動物同士の類似判断から二次元マップを作ると、サイズの大小を表すと考えられる軸と、野生（凶暴）—家畜（従順）を表すと考えられる軸の中に動物たちが配置されることになる。この図式に従えば、たとえばクマとライオンは比較的似ていると感じるだろうが、これはサイズと野生性で一致するからと考えられる。一方、ライオンとヒツジはあまり似ている

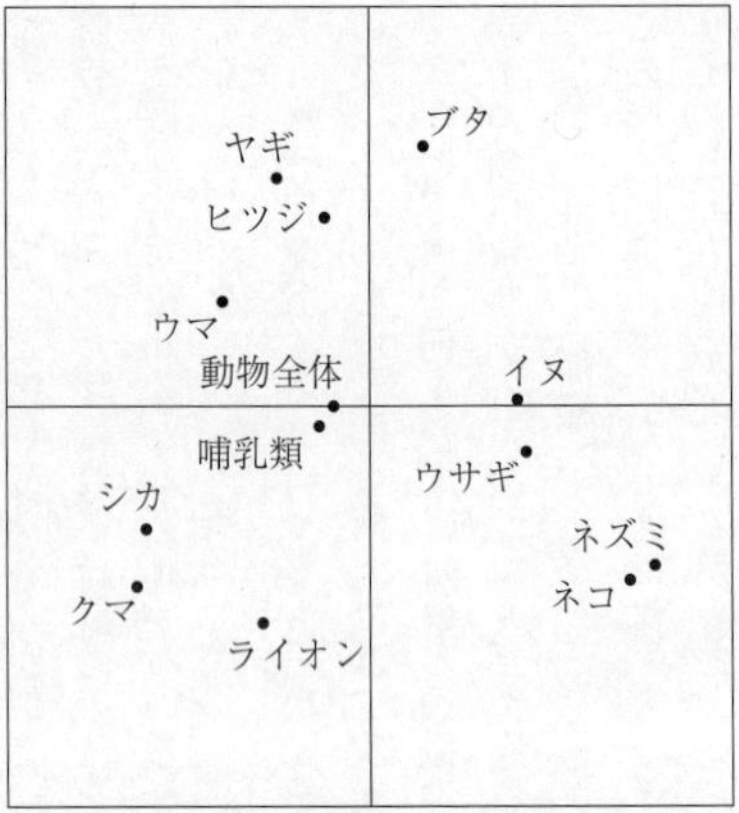

図２・２：動物の類似関係についての幾何モデル
横軸はサイズ、縦軸は野生性（凶暴―従順）を表すように見える。（Rips, Shoben & Smith, 1973）より

と感じないだろうが、これは両者はサイズ的には似ているが、野生性という点で遠く離れているからである［51］。

類似の対比モデル　さて類似の幾何モデルに従うと、それが空間で表されることから、次の三つのことが導ける。

最小性　AからAへの距離は0である。つまり同一のもの同士の類似度は同じになる。

対称性　AからBへの距離はBからAへの距離と等しい。つまり、AのBに対する類似度はBのAに対する類似度と同じになる。

三角不等式　三角形の二辺の長さの和は、残りの辺の長さより大きい。だから、AとBの距離（非類似度）と、BとCの距離（非類似度）を足し合わせると、AとCの距離（非類似度）よりも大きくなる。

こんなことはごくごく当たり前であり、いつでも成立すると思われるだろう。ところが、人間の類似性判断ではこれらが満たされない場合がある。最小性については、単純な図形同士の類似度（たとえば二つの同一の△の類似度）は、同じ人物の同じ写真よりも類似度が低くなる。対称性については、「北朝鮮は中国にどれだけ似ているか」と聞く場合と、「中国は北朝鮮にどれだけ似ているか」と聞く場合で、類似度が異なってくる。前者の類似度が後者の類似度を上回る。三角不等式の場合は、次のような例を考えるとよい。三角形の三つの点を各々ロシア、キューバ、ジャマイカとする。ロシアとキューバの類似度は、社会主義制度をしいていた、あるいはしいているという意味で類似しているので、距離は小さい。キューバとジャマイカの類似度も、同じ地域にある島国という意味で類似度が高いので、距離は小さい。しかしロシアとジャマイカを比較すると、ほとんど何の一致点も見つからないので、類似度はとても低くなり、結果として二つの間の距離はとても大きくなる。こうなると三角不等式、距離（ロシア、キューバ）＋距離（キューバ、ジャマイカ）＜距離（ロシア、ジャマイカ）という、幾何学的にはあり得ない判断が生み出されてしまう。

このような問題点を指摘して、新しい類似判断のモデルを作ったのがエイモス・トベルスキーである。対比モデルと呼ばれる、このモデルは以下のようなものである［52］。

$$sim(a, b) = \theta f(a \cap b) - \alpha f(a - b) - \beta f(b - a)$$

この式は次のように解釈する。aとbの類似度（左辺）は、aとbが共有する特徴（右辺の第一項）から、aまたはbに固有な特徴（右辺の第二、第三の項）を引き算したものである。fというのは、関数であるが基本的には足し算であり、θ、α、βは各々の特徴の顕著さを表す。これらの重みを変えることにより、上に挙げた三つの問題をクリアすることができるようになる。

対比モデルは、類似度判断だけでなく、カテゴリー化、典型性判断のモデルとしても用いられる。上のモデルのbの項をプロトタイプとすれば、式の計算結果は典型性を表す。またこの計算結果にある閾値《いきち》（境界を決める値）を与えれば、対象がそのカテゴリーに属するか否かを判別できる[53]。

重要なことは、幾何モデルは直接的に類似度を判断させて、それが何に基づいているかを後から検討するものであった。一方、対比モデルでは比較するもの同士の特徴が事前に存在し、その共有、非共有の度合いで類似度が決まるとする。つまり方向性が全く逆になっている。このことは諸手を挙げて賞賛というわけにはいかないが、類似を構成的に考えることができるようになるという利点がある。

本章では、人の知的活動の様々な場面において、類似が関与していることを見てきた。まず認知の基盤となる概念が、類似に依存していることを示した。概念はそれまで考えられてきたような定義に基づいているのではなく、似た事例をまとめ上げて作り出されたプロトタイプに基づいている。認知の基盤となる概念が類似に依存しているのだから、概念を用いるような活動は、ほとんどすべて類似をそのうちに含みこむことになる。思考の重要な形式の一つである帰納は、それの例証となっている。また、記憶も出来事の想起であれ、概念の想起であれ、類似に基づいている。さらに、人の知性の根幹に位置する言語の獲得においても、類似はきわめて強い影響を与える。一方、学習の転移や未知の生物を創造させる実験で見たのは、類似がネガティブな結果を生み出すということである。学習した場面と類似した事柄には、獲得した知識が利用できるが、それと類似していない事柄には利用できない。また未知生物創造の実験では、類似した既存のものの枠を超えた創造はなかなかできないことが明らかにされた。

最後に、トベルスキーの対比モデルを紹介し、人の類似判断は、二つのものの共有特徴、固有特徴の計算に基づいていることを述べた。共有特徴が増加するほど類似度は高まり、固有特徴が増加するほど類似度は減少する。こうした判断は、類似を距離の関係で捉える幾何学的なモデルでは説明できず、対比モデルによってうまく説明できることを述べた。

これらの知見は、類似が広範な認知活動に影響を与えていることを示している。一方、2・6節で見たような、類似のネガティブな側面は、類似を思考に拡張する際には大きな問題となる。次章では、この問題をクリアするための、新たな研究を紹介する。

注

＊1 概念とよく似た言葉にカテゴリーというものがある。概念は頭の中の存在物であるのに対して、カテゴリーは世界に存在している。だから、幽霊の概念という言い方はありえるが、幽霊のカテゴリーというのはおかしな表現となる。だが、少なくとも認知科学を含めた心の科学の分野では、よく一緒に使われたりする。

＊2 ロッシュは、こうした考え方の先駆となるヴィトゲンシュタインの哲学に強く影響を受けてこの研究を始めた。

＊3 ただし典型性評定をさせると偶数にもグレード構造が現れたりもする〔33〕。

＊4 正しくは natural category。

＊5 後述することでもあるが、概念をこうした特徴の束として捉える考え方には強い反論がある〔34、35〕。

＊6 このように概念間の類似を距離というものを用いて表現するのは4・3で述べるメタファー、特に概念メタファーの例となる。

第3章　類似を思考へ拡張するために

　前章で述べてきたように、類似は認知の中で中心的な位置を占めている。しかし、対比モデルのような特徴ベースの類似理論、及びそうした類似性を仮定する認知理論に対してはきわめて辛辣な批判がなされている。また、2・6節で見たような類似は、思考の基盤どころか、その妨害者として働いているようにも見える。つまり類似に頼るから適切な思考ができなくなるという事態である。

　そこで本章ではまず従来の類似理論の持つ様々な問題点のうち、本書の主題である思考の基盤としての類似という観点から見て重要なもの、類似判断における「構造」と「ゴール」を取り上げる。そして最後に、それらの問題を克服するために行われた類似についての新しいアプローチに基づく研究を紹介する。

3・1 特徴とはなにか

前節で説明した対比モデルについて簡単にまとめると、比較する対象が持つ特徴のオーバーラップの度合いで類似度を決めるというものであった。しかし、ここで考えられている特徴とは何なのだろうか。

たとえば、コップは

・人工物である
・重さがある
・踏むと割れる
・水を入れて、逆さにすれば水がこぼれる
・高温では溶けてしまう
・机の上に置ける
・呼吸しない
・重さ五キログラム未満である

など様々な特徴を持っている。こうした特徴は無限に生成することができる。このように無限の特徴を考えると、数個分の共有特徴の差は無視できるほど小さくなってしまう。だとすると、どんなもの同士も同様に似ている（あるいは似ていない）ということになる〔55〕。しかし、我々はこうした無限の特徴とその顕著さを処理して類似度を計算しているわけではない。通常、我々はごくごく限られた特徴だけから類似を判断している。対比モデルではこうした特徴抽出の過程については何も語らない。

このような批判に対して、対比モデルからは次のような反論ができるかもしれない。上に挙げたコップの例では「呼吸しない」などの否定語を含む特徴が挙げられている。このような否定語を入れるのはアンフェアではないかと思われるかもしれない。ありとあらゆる非生物は呼吸しないわけであるが、そんなことを私たちが考えているはずがないという反論である。また、否定語を入れてしまうと、特徴が膨大になってしまい、とても人間がそんなことをいちいち考えているとは思えない。

しかし否定語が特徴に含まれないとは言い切れないだろう。ニワトリの特徴リストに「飛ばない」、クジラの特徴リストに「魚ではない」が入る可能性はとても高い。ソーラー時計に「電池がいらない」、電子タバコに「煙が出ない」など、いくらでも例は挙げられる。人の特徴についても、「話を聞かない」、「礼儀を知らない」、「気負いがない」など否定語つきの様々な特徴が考えられる。

また類似性判断には、いわゆる特徴とは考えられないものが関与することもある。たとえばネクタイと男性は全く異なるカテゴリーに属している。似ている部分は何もないわけだが、これらはある主題（服を着る）のもとで共起することが多い（つまり、男性はネクタイを締める）。ある研究ではカテゴリー的な関連性とこの共起関係を操作したペアを作り、その類似性判断を求めた。すると、この二つが共に満たされているペア（ネクタイとスーツ）、カテゴリー的な関連性のみがあるペア（ネクタイとドレス）は類似性が高く評定され、二つともに満たさないペア（ネクタイと女性）は最も低く評定された。共起関係のみが成立している「ネクタイと男性」はその中間程度の類似性となった。これらはある意味で当り前であるが、共起関係、主題的関連性に基づく特徴は、特徴をリストアップした時には現れない、あるいは現れたとしてもその顕著性は低いことが多いのだが、こうした情報も類似判断に影響を及ぼすのである[56]。これらの研究は、類似判断が特徴の比較だけでなく、特徴の統合というプロセスを含んでいることを示唆している。統合プロセスでは二つの比較項目を含む場面、状況が作り出され、その作り出しやすさが類似性判断に影響を与えていると考えられる[57]。

3・2　特徴の顕著さとはなにか

第二の反論は、類似判断が文脈によって大きく変化する場合がある、という事実に基づくものである。たとえば、「猫と牛のどちらが犬に似ているか」と問われたときに考える犬の特徴は、「猫とステレオのどちらが犬に似ているか」と問われたときに考える特徴と同じなのだろうか。おそらく前者では生物などという特徴は考慮されないだろうが、後者ではそれが最も重要視されるだろう。

類似を判断する人の置かれた文脈によっても、参照する特徴は大きく変化する。哲学者のネルソン・グッドマンは以下のような例を挙げる。

空港での荷物を考えてみよう。ただそれを見ている人ならば、その形、サイズ、色、素材、ブランドなどに気づくかもしれない。もしパイロットであればその重さに注意が向くだろうし、荷物の持ち主であれば行き先と所有者に注目するだろう。どの情報に注意を向けて類似を判断するかは、それらがどんな特徴を共有するかではなく、誰がいつ判断するかによるのだ。

彼はこのような例を通して、類似判断においてどんな特徴が取り上げられ、それがどのように重み付けされるかが、あまりに多様であることを指摘し、類似性があてにならないものであるとして、次のように述べる［58］。

	スウェーデン		スウェーデン
オーストリア	ハンガリー	オーストリア	ハンガリー
	ノルウェー		ポーランド
	(a)		(b)

図3・1：Tversky & Gati（1978）で用いられた比較材料

類似性は、これまでの哲学的問題を解決し、障害を克服できそうとしているが、実は偽装者であり、詐欺師であり、いかさま師だ。それは確かにその場所とその用途を持っているが、それが本来属していない場所に現れ、実際にはそれが持っていない力を持っていると喧伝する。

こうしたことを実験的に示した研究もある。この実験の一方の参加者は（a）を提示され、「オーストリアともっとも似ているのは右の三つの国の中のどれですか」と訊ねられる（図3・1）。別の参加者達は（b）を見せられ、同じ質問を受ける。（a）と（b）違いは（a）で選ばれる可能性の最も低いノルウェーが（b）で選ばれる可能性の最も低いポーランドで置き換えられているということである。この実験の結果、（a）で比較を行った参加者はハンガリーをもっとも似ていると判断したものが多かったが、（b）で比較を行った参加者の多くはスウェーデンを選択した。選択される比率の低いノルウェーとポーランドを置き換えることによって、似ているものが異なってしまうのである［59］。

つまり、ここでは比較項全体との関連で特徴の顕著さが異なってくることが示されている。（a）においては地理的（オーストリアとハンガリーは隣接している）、あるいは歴史的な（第二次大戦前はハプスブルグ王朝下で、オーストリアとハンガリーは一つの国であった）ことに関する特徴の顕著さが高く見積もられている。一方、（b）では過去の政治・経済体制についての特徴の顕著さが高くなっており、その結果オーストリアとスウェーデンが最も類似していると判断されたのであろう。

カテゴリー研究からも一つ例を挙げることにしよう。前述したように、ある対象がそれの属するカテゴリーにおいてどれほど典型的かは、その対象がそのカテゴリーのプロトタイプとどれだけ類似しているかによって決まるとされてきた。さて、様々な種類の飲物の典型性はどのようになるだろうか。アメリカ人を参加者として、朝の飲物の典型性評定を行わせると、コーヒー＞紅茶＞牛乳という順番になることがわかっている。ところが、これに「トラックの運転手が朝ドライブインで飲むもの」という文脈をつけると、コーヒー＞牛乳＞紅茶という順番になってしまう。ここでは文脈が特徴の顕著さに一様に働くのではなく、ある特定の特徴に選択的に働き、その顕著さを変化させてしまうことが示されている［60］。

このように、何が特徴として取り上げられるか、またその特徴がどれほど顕著かは文脈によって大きく変化する。通常は顕著さが低い特徴が、文脈によっては重要なものとなったり、その逆が生じたりするのである。こうした事実は、特徴とその顕著さ（重み）を固定して捉える伝統的な類似理論から合理的に説明することは困難であると言わざるを得ない。一方、こうした類似の変動はそれがでたらめに起こるものだとすれば、類似を思考の基盤に置くことは難しい。グッドマンの指摘したように、類似は詐欺師として放擲《ほうてき》されなければならないのかもしれない。

そこで、研究上の課題となるのは、類似の変動は規則的なものなのか、仮に規則的だとして、それは認知活動の目的に合致するものなのか、ということになる。これについては、3・4節で論じることにする。ただその前に次節で古典的類似モデルの問題点を二つほど挙げることにする。

3・3　高次認知における類似：構造とゴール

別の理由からも、対比モデルのようなモデルが、類似を思考の基盤とする理論において利用できる可能性はきわめて低い。なぜならば、単純な物理的対象の比較とは異なって、問題解決における類似度、つまり与えられた問題と過去の経験の特徴のオーバーラップの度合いは簡単には計算できないからである。たとえば「太郎君は四個アメを持っていましたが、二つ食べてしまいました。今、太郎君は何個アメを持っているでしょう」という問題と「太郎君は四個アメを持っていましたが、二個もらいました。今、太郎君はアメを何個持っているでしょう」という問題は字面はきわめて似ているが、問題としては異なっており、その解法も異なっている。そもそもここでは何を特徴と考えるのだろうか。「太郎」という人物のことなのだろうか、ふたつの問題の数値なのだろうか、算数の問題だということなのだろうか。

類推や学習の転移などの場面では、現在の問題状況と過去に経験したエピソードとの間の類似が問題になる。こうした場面では、字面の一致、表層レベルの類似ではなく、より深いレベルの類似が重要となる。こうした深いレベルの類似は、対比モデルが扱うような特徴のリストとして表現することは難しい。2・6節で取り上げたような、仕事算とその応用問題では、字面の類似は全く存在していないが、構造レベルの一致が存在している。

こうした構造情報の重要性は、類推も含めた高次推論においては半ば当然のこととされている。しかし、特徴ベースモデルのような、固定した特徴の単純なリストからなる表現を採用するモデルでは、構造を取り込むことがきわめて難しい。したがって、人間がどのようにして構造を類似判断の中で用いているのかを検討した上で、そのモデルを構築する必要がある。

類似を問題解決の文脈へと拡張するための条件として次に考えなければならないのは、

ゴールと問題領域の知識である。特徴ベースモデルは、対象の表現に取り込まれる特徴に何ら限定を設けていないので、潜在的にはどのような特徴も取り込むことになってしまう。しかしながら、人間は有限の時間内に、そして多くの場合、瞬時に類似を判断することができる。こうしたことからすると、状況に応じて特徴をフィルタリングする、あるいは特徴の顕著性を課題の構造や状況の要請に応じて動的に変化させるメカニズムが必要となってくる。

問題を解くという状況において、特徴の抽出に関連すると考えられるのは、問題のゴールである。問題のゴールにとって重要な情報を抽出し、その顕著さを増加させる必要がある[61、62]。

こうした情報を抽出する際には、問題領域についての知識が大きな役割を果たすことが知られている。たとえば、熟達化の研究においては、初心者と熟達者の間で、類似しているとされる問題が体系的に異なっていることが示されている。前者では問題文中の単語の一致に基づく表層的な類似性判断が行われる。一方、熟達者たちは、問題がどのような原理を用いて解けるかという観点から類似性判断が行われる[63]。

また類似判断におけるゴールや領域知識は、既に存在する特徴を抽出したり、その顕著さを変えるだけには留まらず、新たな特徴の生成にも関与している可能性がある。というのも、問題解決で用いられる題材では、ゴールの達成に関連する情報は一目でわかるよう問題中で明示されていないケースも多いからである。このような場合には、問題中で明示された情報から、新たな情報を推論により生み出さねばならない。そして、そうした情報を含めた類似判断が必要になってくる。

以上のことから、類似を高次の認知活動へと拡張していくためには、類似の計算メカニズムが知識やゴールといった資源に対して開かれていなければならないことが導かれる。しかし、固定した特徴をベースにした類似の理論では、特徴の生成はもちろん、顕著さの動的な変更、特徴のフィルタリングについても、後づけ的な説明しか与えることができない。人の類似判断のメカニズムは、領域知識やゴールを含めた類似判断のモデルの構築はできるのだろうか。

そこで、次節以降では上記の問題点を克服するために行われた研究を紹介し、人間の類似判断の本質を明らかにし、類似に基づく認知理論の基礎づけを行う。3・4節では、文脈による類似の変動の規則性、変動を支配する要因の特定を行った研究を紹介する。次に、3・5節では、類似を規定する次元である関係と構造の問題を取り上げる。最後に、3・6節において、類似判断におけるゴールと領域知識の利用の可能性について検討する。

3・4 類似の変動を規定する要因

人間の類似判断は文脈によってダイナミックに変化する。しかしながら、こうした変動性、柔軟性は、類似の幾何モデルはもちろん、固定した特徴群同士のマッチングに基づく対比モデルでも取り扱うことができない。一方、類似判断が場の擾乱《じょうらん》要因によってでたらめになってしまうのであれば、グッドマンの言うように認知の基盤に類似判断を置くことは難しい。

人間は様々な状況下で適応的に認知活動を行わねばならない。こうした適応的な認知活動の基盤に類似が深く関与しているとすれば、類似判断が場に応じて変動するということはむしろ当然のことと言えよう。それでは、この変動はどのような要因に支配されているのだろうか。

カテゴリー研究、類似研究、類推研究、各々の分野のリーダーである、ダグラス・メディン、ロバート・ゴールドストーン、デドリ・ゲントナーたちは、比較という観点から類似がどのように決まるのかについて優れた研究を行っている[64]。以下、本節では彼らの実験の主要な結果を簡単にまとめてみる。

比較による顕著性の変化

たとえば、大学という概念にはいろいろな意味があり、その意味は文脈に応じて変化する。ある人にとっては「研究をする場所」であり、別の人にとっては「遊ぶところ、暇なところ」かもしれない。また、「教養を深める場所」と考える人もいるかも知れないし、「教員と顔を合わせる機会がもっとも少ない教育機関」と思う人もいるかも知れない。このように大学という概念は多義的な意味、あるいは曖昧さを持っている。

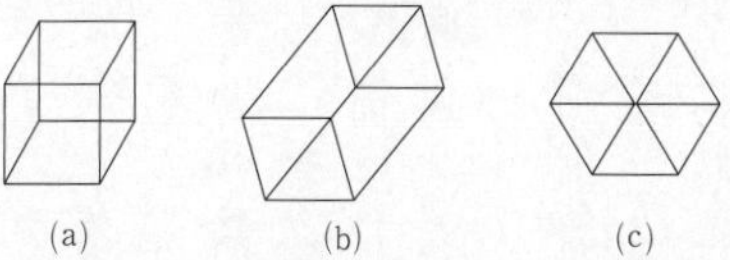

図３・２：メディンらの研究で用いられた多義図形

では次に「大学」と「遊園地」を比較してみよう。このような比較を行うと、ある観点、たとえば「遊ぶ場所」が設定され、そしてその観点から二つの概念の類似が判断されるのではないだろうか。つまり、大学という多義的な概念が、もう少し一貫した概念（あるいは多義性が低い概念）と比較されると、より一貫した概念の持つ特徴に基づいて類似点が抽出されるかもしれない。

メディンたちは、図３・２を用いて以上のことを確かめた。この図の中央の図形は直方体と見ることもできるが、六角形と見ることもできる。こうした多義的な図形が右や左のような多義性の低い図形と比較されるとどのような特徴が抽出されるのだろうか。彼らの実験では、ある参加者は（a）と（b）の比較を行い、別の参加者は（b）と（c）の比較を行った。参加者は、その後二つの図形の類似点と相違点を列挙することが求められた。

すると、aとbを比較する時には「立体である」とか「辺が十二個ある」などの特徴が挙げられるのに対して、cとbが比較されると「六角形である」とか「図形内部に直線がある」などの特徴が挙げられるのである。このように多義的な解釈を許すような対象の特徴の同定には、比較する項目において顕著な特徴が用いられる。つまり比較の観点は、曖昧さの少ない対象の特徴にひきずられたものとなるのである。

類似の非対称性

対比モデルのところで述べたように、人間の類似判断は対称的ではない。つまり、xはyにどれだけ似ているかを判断する場合と、yはxにどれだけ似ているかを判断する場合では、評定される類似度が異なるときがある。この原因の一つとして考えられるのは、比較のベースの変化である。つまり、xはyにどれだけ似ているかという場合にはyがベースとなり、yの持つ顕著な特徴を元にして類似度が判断されるが、逆に聞かれた場合にはxをベースにして類似度を判断するからと考えられる。

これを確かめるために、参加者によく知られている名詞、固有名詞の十七個のペアを順序を変えて類似度を判断させ、その後に両者に共通の特徴を列挙させた。このようにして挙げられた特徴をよく調べてみると、ベースに顕著な特性が挙げられやすいことがわかった。たとえばイヌとウシの類似性判断の後に挙げられる共通特徴をみると、「イヌはウシにどれだけ似ているか」と問われた時には、「両者とも牧場にいる（おそらく牧羊犬のことだろう）」という特徴が出てくる。しかし、この特徴は「ウシはイヌにどれだけ似ていますか」と問われた時にはほとんど出てこない。これは明らかに、ベースの特徴に引きずられた結果と考えられる。

比較対象の範囲

比較の観点を設定する時に、重要な役割を果たすのが文脈である。たとえば、「ネコとウシはどれだけ似ているか」と問われる前に「椅子とウシはどれだけ似ているか」と問われていたとすれば、そうでない時に比べて類似度は高くなるだろう。このように比較対象の範囲を知ることは類似判断に大きな影響を与える。

メディンたちは、三つの比較項目を一度に提示する場合と逐次比較させる場合では異なった結果が出ることを明らかにしている。実験では、ある単語とそれと反対の意味を持つ単語、及びそれらとカテゴリー的に関係している単語の三つが一組となったものが用いられた。たとえば、黒という単語に対して、その反対語である白、および赤が用いられた。そして「黒と白はどれだけ似ているか」、「黒と赤はどれだけ似ているか」を別々に評定するグループと、三つが同時に出てきて、各対の類似度を評定するグループのパフォーマンスの比較が行われた。

結果から、反対語は別々に評価された場合には類似度は低くなるが、カテゴリー的に関係した第三の言葉と一緒に提示されて比較する場合には高くなることが明らかになった。この結果は次のように解釈できるだろう。三つ一緒に提示されることにより、色という観点が設定される。その結果、反対語であっても色という属性を共有していると判断され、評定値が高くなると考えられる。

まとめると、メディンたちの研究は、比較の観点が、

・より明確なものが持つ顕著な属性
・ベース（第二項目）に顕著な特徴
・比較対象の範囲

によって決まり、それによって類似度がシステマティックに変化することを明らかにした。

3・5 類似の次元

これまでは名詞で表されるような二つの対象の間の類似を取り上げてきた。この知見だけで、類似を思考の基盤に置くことは難しい。なぜならば、それらには関係や構造というものが含まれていないからである。前に挙げた「太郎君は四個リンゴを持っていました。その中の二個を次郎くんにあげました。今、太郎君は何個リンゴを持っているでしょう」という問題と「次郎君は四個リンゴを持っていましたが、太郎君から二個もらいました。今、太郎君はリンゴを何個持っているでしょう」という問題を考えてみることにしよう。どちらにも、「太郎」、「次郎」、「リンゴ」、「四」、「二」などの情報が含まれている。しかし、このことから二つの問題は類似しているということはできない。太郎と次郎の関係、役割、リンゴの所有者などが異なるからである。

このような場合、対象、属性、関係というのを区別することが重要だ。認知科学では一般的に世界や知識を記述する際に、対象（object）、属性（attribute）、関係（relation）を区別する。[*1] 対象とは一般に名詞で表現されるようなものを指す。たとえば、犬、リンゴ、東京、運動会、社会、愛などは対象である。この例からも分かるように、対象はいわゆるモノであってもよいし、出来事であってもよいし、抽象的な観念であってもよい。属性とは対象の性質であり、典型的には形、色、重さ、大きさ、価値などである。この属性は種や個体ごとに特定の値（value）を持っている。たとえば、リンゴは色という属性について、赤という値を持っているという言い方をする。関係は対象同士を結びつける役割を持っている。結びつけられた対象は、関係の項あるいは引数と呼ばれ、その関係の中での役割が与えられることになる。この時、関係と関係が結びつき、複雑化したものを構造と呼ぶことが多い。

たとえば、先ほどの「太郎君は次郎君にリンゴを二個あげました」という文においては、太郎、次郎、リンゴという対象が「与える」という関係によって結ばれていると考える。図で表すと、図3・3のようになる。

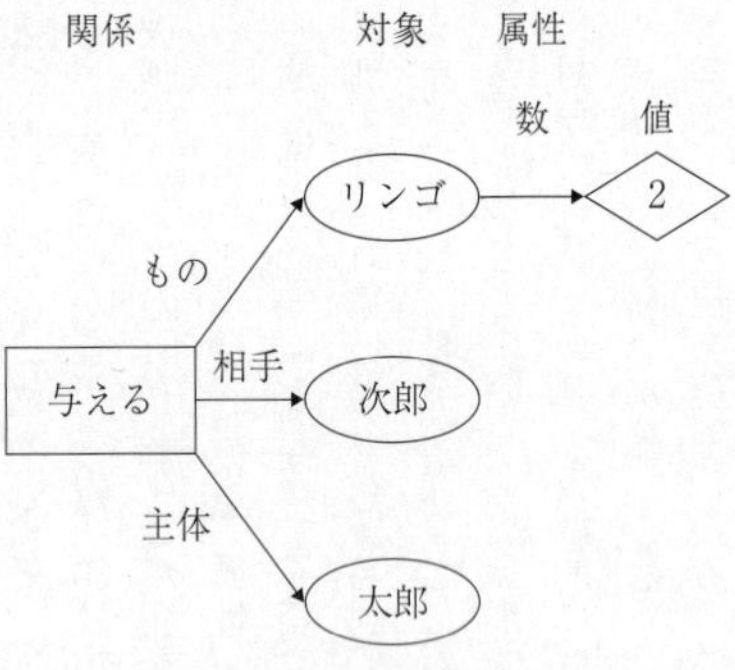

図3・3：対象、属性、関係

ある状況と別の状況が似ているというとき、属性、対象、関係という三つのレベルの類似を区別する必要がある。上の二つの足し算の例で言えば、これらは属性、対象というレベルでの類似性は高い。一方、関係は片方では「あげる」であり、もう片方では「もらう」となっている。また太郎と次郎の役割もこれに応じて異なっている。よって関係レベルの類似は低い、あるいはないと判断できる。

対象レベルの類似判断

対象の属性の値が一致するという場合について考えてみる。この時、二つのタイプの特徴を区別する必要がある。表3・1を用いて考えてみよう。女性1と女性2では同じ色が二つ存在している。女性1と女性3でも、また女性1と4でも、やはり同じ色が二つ存在している。ただこれらの意味は異なるだろう。女性2は帽子とブラウスという同じ対象次元において、女性1と特徴を共有している。一方女性3は女性1と対象次元での特徴が共有されていない。前者のように対応する次元における一致をMIP（match in place）、後者のように対応しない次元における一致をMOP（match out of place）と呼ぶ。

	帽子	ブラウス	スカート	MIP	MOP
女性1	赤	青	紫	—	—
女性2	赤	青	緑	2	0
女性3	白	赤	青	0	2
女性4	赤	白	青	1	1

表3・1：MIP（match in place）と MOP（match out of place）

ゴールドストーンとメディンの研究では、MIPとMOPは異なった影響を類似に対して与えることが報告されている。一般にMIPはMOPに比べて強い影響を与え、MIPが増える程、類似性も高く評定される。一方、MOPはその数が少ない時にはほとんど影響を与えないが、数が増えると類似性に与える影響が強くなる [65]。

この結果は、人間の類似判断メカニズムが（少なくとも）二つのタイプのマッチを区別して、類似の計算を行っていることを示

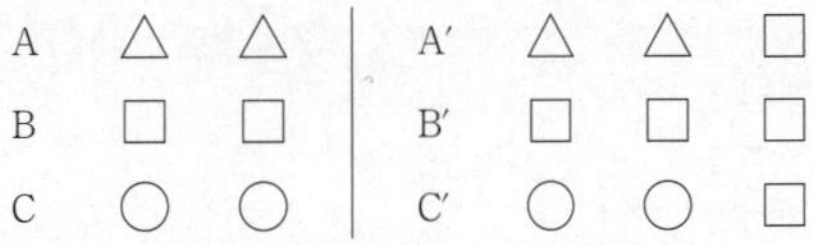

図3・4：ゴールドストーンらが用いた刺激図形

している。私たちは単純に属性の値の一致を見つけ出すのではなく、「何における」一致かを考慮して類似性を判断している。こうしたことは、単なる特徴のリスト間の比較として類似を考える対比モデルでは説明ができない現象である。

関係に基づく類似判断

関係情報を用いた類似判断については、ゴールドストーンたちが興味深い分析を行っている。図3・4の左側の中で、Aの行と似ているのはBの行だろうか、それともCの行だろうか。このように聞かれると、多くの人はBを選ぶ。それではA、B、Cの全てに□を付け加えた右の図では、A′の行と似ているのはB′、C′どちらの行だろうか。するとほとんどの人がCを選ぶようになる[66]。

当たり前のことのように思うかもしれないが、これは単純な対比モデルではうまく説明することができない。なぜなら、各列には同じ図形をつけ加えたわけだから、共有特徴はB列もC列も同様に一つ（あるいは等量）増えたわけである。だとすれば、もともと左ではB列はC列よりも似ていると判断されたわけだから、右においてもB列の方が似ていると判断されてもよいはずである。

多くの人は「右ではA′列とC′列は二つの同一図形ともう一つ別の図形からできているのに対して、B′列はすべて同じ図形からできているので、A′列とC′列が似ていると考えた」と答えるだろう。この理由の中には、左においてつけ加えられた図形によって全体の関係が変化し、判断の基準もまた変化したことが含まれている。この結果は、四角を一つ付け加えたことにより、新たな関係的特徴が生じたことを類似判断のメカニズムが検知したことを示している。

これについては二つの可能性があるだろう。一つは、対比モデルによる説明である。つまり、対象の属性レベルの特徴と関係的特徴の二種類の特徴が同じ取扱いを受けるという説明である。そして、類似性はこうして一まとめにされた共有特徴の関数となるというものである。たとえば、先の例では、「同じものが二つと違うもの一つ」という関係的な特徴がAとCには加算されるが、Bには加算されないというものである。これは特徴の独立性を仮定する対比モデルの予測となる。一方、もし特徴が独立ではないとすると、関係を表すようなある特徴が加えられると、対象レベルの特徴の寄与が変化するという説明も考えられる。

そこで、ゴールドストーンらはこのどちらが正しいかを図3・5を用いて調べた。参加者たちは、AからDの四つが別々に提示され、左側の列と右側の列の類似度を判断する。図を上から下に見ていくと（AからC、BからD）、右側の列に関係的特徴が一つ加えら

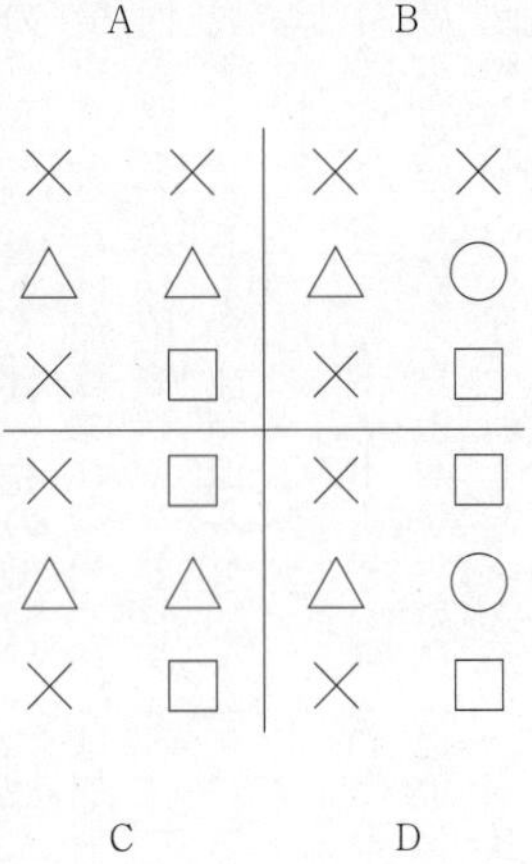

図３・５：A, B, C, D の各々に含まれる２つの列の類似判断を行う

れる一方で、表面的特徴の一致が一つ減じられている。今度は図を左から右に見ていくと、表面的特徴の一致が一つ減っていることがわかるだろう。

　説明を簡単にするために、共有特徴だけを考慮し、対象レベルの特徴の顕著さを a とし、関係的特徴の顕著さを r とおく。Aのペアは対象レベルの特徴を二つ共有しており、類似度は $2a$ となる。一方、Cのペアは対象レベルの特徴一つと関係的特徴一つを共有しているので、類似度は $a+r$ となる。この二つの類似度間で引き算をすると、$r-a$ となる。一方、Bのペアは対象レベルの特徴を一つだけ共有しているので a、Dのペアは関係的特徴を一つだけ共有しているので r となる。そしてこのあいだの引き算をすると、AとCの引き算同様、$r-a$ となる。つまりC−AとD−Bは等しくなる。これは対象レベルの特徴と関係レベルの特徴が独立しているとするモデルの予測である。一方、特徴が独立ではなく、二つの特徴が相互作用するならば、こうした予測は成り立たない。

　さて実際の参加者が評定した類似度でこの二つの引き算をしてみると、答えは全く一致せず、ほぼ一貫してD－B＞C－Aという結果がみられた。さらに分析を進めると、この結果はD－Bは正であるが、C－Aは負であることに起因することが明らかになった。つまり、DとBではDの方が似ていると判断されるが、CとAではAの方がよく似ていると判断されているのである。

これを分かりやすく解説すると、BとDのペアの比較においては対象レベルの特徴の一致の度合いは少なく、関係的特徴の一致が顕著である。こうした場合には関係的一致の度合いを高く見積もる。一方、AやCのペアの比較においては対象レベルの特徴の一致の度合いが大きい。こうした場合にはその一致を高く見積もり、関係的一致の度合いは割り引かれてしまうのである。このように人間は関係的な特徴が何らかの理由で顕著になったときには、そうした特徴に基づいた類似判断を行い、そうでない場合には対象レベルの、表面的な特徴を用いた判断を行うのである。

また、より複雑な関係を用いた研究もなされている。ここでは、（a）食事の宅配サービスの男性が女性に食事を届けにきている場面が描かれているイラスト、（b）女性がリスに餌を与えている場面が描かれているイラストの二つが刺激として用いられた。（a）と（b）に現れる女性は見た目が同じで、対象レベルの類似性がある。（a）の女性と対応するのは（b）の中のどれであろうか。対象レベルの対応をとれば、（a）と（b）の女性は同一なのだから、（a）の女性に対応するのは（b）の女性となる。しかし関係レベルで対応をとれば、女性もリスも食べ物のもらい手になるので、（a）の女性に対応するのは（b）のリスである。あるレベルでの類似が別のレベルでの類似と異なるという意味で、こうした課題はクロスマップ課題と呼ばれる。

ここで類似性判断は面白い働きをする。単に（a）の女性と対応するものを（b）から選ばせた場合には女性が選択される。しかし、まず（a）と（b）の類似度を判定させる課題を行わせた後に同様の質問をすると、多くの人がリスを選択するようになる[67]。

このような判断の変化は何によりもたらされるのだろうか。マークマンとゲントナーは、これは構造整列（structural alignment）という心の働きによると考える。構造整列とは、二つの場面あるいは対象を比較する際に、比較すべき特徴を関係、構造の次元で揃えることを指す。上の例で言えば、「与える」という関係の次元で整列が起き、（a）の男性と（b）女性、（a）の女性と（b）のリスが、その関係の中で同一の役割を果たすことが認識される。そして、こうしたレベルの一致が、対象レベルの一致よりも高く評価されるのである。

類似は表面的な特徴に囚われた、見た目の一致に基づくように考えられてきた。しかし、本節で紹介してきた研究は、それが間違い（少なくとも一面的）であることを示している。人は見た目を超えた、より深いレベルの特徴に基づいた類似判断を行うことが可能なのである。さらに類似判断は、類推にとって重要な、対象の持つ関係、構造を検知するという働きをも持っているのである。

3・6 問題解決文脈における類似判断

これまで見てきたように、人間の類似性判断は対象間の関係や、関係から生み出される構造を把握し、それを優先的に利用することが可能であった。また、固定した特徴のマッチングでは捉え切れない柔軟さを持っており、場の制約により観点をダイナミックに設定し、それに基づいて特徴を抽出し、判断を行うことが明らかになった。

しかしながら、類似による認知の理論の構築のためには、さらにもう一歩探求を進める必要がある。前節で取り上げたような研究における関係情報、構造的情報は実験者側から「与えられた」ものであり、ほぼ一義に決定できるものであった。しかし、関係や構造はいつでも所与とは限らない。それらは人間のアクティブな処理によって生み出されることも多い。したがって、処理主体の知識や目標によって異なった構造が生まれてくる可能性もある。

また、3・4節で取り上げた比較の観点設定メカニズムは強い制約がない時に用いられる、いわばデフォルトのメカニズムである。しかし、観点のダイナミックな設定はこうしたデフォルトのメカニズムによってのみ起こるわけではない。特に、本書の主題である類推などの文脈では、問題領域の知識やゴールが人の行動に強い制約を与える。したがって、類似性判断のメカニズムがこうした資源をうまく利用できるか否かは、類推による問題解決、学習へと類似を展開させるためには、どうしても検討してみなければならないこととなる[68]。

説明的な類似性

問題解決において、我々は表面的な特徴に惑わされることなく、何らかの意味で重要な特徴に注目しなければならない。こうした場合、重要な特徴は問題のゴールの達成に寄与する特徴である。したがってゴールに関係する特徴は他の特徴よりも重要度（あるいは顕著さ）が高くなる。しかし、ゴールの達成に寄与する特徴は、いつでもすぐに利用可能というわけではない。いくつかの特徴を組み合わせて別の特徴を構成し、それを利用してゴールを達成するというケースは少なくないだろう。だとすると、個々の特徴をゴールの達成に向けて組み合わせていくためには何が必要かが問題となる。それはその問題領域に関係する知識である。このことからすると、ゴールの達成に寄与する知識が働くための条件になっている特徴は、その重要度を高くしなければならないことが導かれる。

このように考えると類似判断のプロセスには「説明」という過程が入り込んでいることが示唆される。ここで言う「説明」とは、わかりやすい解説という意味ではない。達成しなければならない目標を内的、外的な情報を用いて置き換えていくという意味で用いている[69]。また、内的情報とは、目標と関連する領域知識を指し、外的情報とは直接的に知覚できる、与えられたデータのことである。

具体例を用いて上記のことを説明してみよう。ある人が灰皿を探しているが、灰皿はなく、そこにはコーラの缶（まだ開けていない）、紙コップ、クッキーの缶（空）だけがある場面を想定してみる。つまり、ここでは何か灰皿の代わりになるもの、灰皿と似ているものを探すということがゴールになっている。

この場面では灰皿というゴール（目標概念）が与えられている。そしてそれを探している人は、あるものが燃えなくて、凹状で、中身が空ならば、それは灰皿であることを知っている。したがって、これらに関連する対象の特徴は、ゴールを部分的に満たすので重要度が高くなる。

一方、凹状であるということは見れば分かるが、燃えないという条件については関連する領域知識が必要となる。そこで燃焼に関する知識が活性化される。たとえば、缶ならば燃えないとか、中に水などの液体が入っているものであれば燃えないなどの知識である。この知識に関係する特徴（たとえば金属であることを表す、表面の光沢等）はまた重要度が上がる。その一方、缶の重さや、図柄などは全く考慮されないようになる。そして灰皿というゴールを満たす特徴を多く備えたものが灰皿の代わりとして選択されることになる。

説明が複数できる場合もある。たとえば、コーラの缶を開けて、その中身を少量紙コップに注いでそれを灰皿の代わりにすることもできる。しかしそうしたことを行うためには、より多くの知識を用いて、複雑な説明を行わなくてはならない。こうした説明の中で用いられる対象（紙コップ）の類似性はより単純な説明における対象（クッキーの缶）よりも、その類似性は低く見積もられると考えられる。

では、説明ができない場合はどうであろうか。たとえばゴールが与えられていない、あるいは知らない、関連する知識が欠如しているなどの場合である。こうした場合は説明ができないのであるから、利用できる情報は、与えられた事物の持つ対象レベル、属性レベルの特徴だけとなる。したがって、それと灰皿のプロトタイプとの表面的な特徴のマッチングを行うしか可能性は残されていない。

以上のことをまとめてみると、類似判断は二つのプロセス——説明と特徴マッチ——からなることが示唆される。もし類似判断においてゴールやそれに関連する領域知識が利用できるならば、それらを用いた説明によって類似度を計算する。そして説明に寄与する特徴を数多く持っている対象ほど類似度が高くなるだろう。別の言い方をすれば、与えられた対象をゴールとなる対象に変換しやすいほど類似度は高く見積もられる。もし説明に失敗した場合には、第二のプロセス、つまり特徴のマッチのプロセスに移行する。ここでは与えられた対象とゴールとなる対象との表面的な特徴のマッチの度合によって類似性を計算することになるだろう。

類似におけるゴールの役割

前節での議論から、ある状況でゴールが認識できるか否か、またそのゴールの達成に向けた知識があるか否かによって、同じ状態を見ても類似判断が異なってくることが予想できる。私たちのグループは、実際にこのモデルが妥当であるかをハノイの塔を用いた実験により検証しようとした[70]。ハノイの塔とは図3・6に示したもので、三本のペグ（杭）があり、そこに何枚かの大きさの異なる円盤（中央に穴が空いており、ペグに刺せるようになったもの）が載せられている。課題は（a）の状態にある円盤を（b）の状態になるように移動することである。ただし、円盤の移動については、

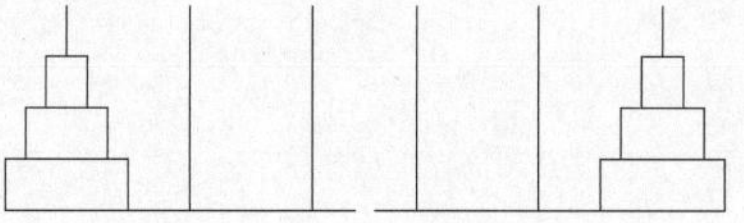

(a)　(b)

図3・6：ハノイの塔のパズル
(a) の状態から円盤を動かして (b) の状態にする。

・一度に一枚の円盤しか手にとってはならない、
・円盤は自分よりも大きな円盤の上にのみ置くことができる、

という制約がある。こうした単純なパズルを題材として選んだ

のは、ゴールの状態が明確であること、そして参加者が用いる知識をコントロールしやすいことによる。

実験ではこのパズルを全く知らないグループ（素朴群）、ルールは知っているが実際にパズルを行ったことはないグループ（初心者群）、一五秒以内にこのパズルを解けるように訓練されたグループ（熟達者群）を対象として行った。これらの参加者に三枚の円盤からなるハノイの塔の全二十七状態の中で、右端に全ての円盤がある状態（図3・6の（b）の状態）と他の二十六の状態との類似度を七段階で判断させた。

前節で述べたことからすれば、素朴群の参加者は説明に必要な知識を全く持ち合わせていない上、そもそもゴールが存在していない、つまりこれが問題状況であることが認識できないため、もっぱら特徴マッチに基づいた類似度の計算を行うことが予測できる。また、熟達者群はゴールを認識できるとともに、説明に必要な知識が訓練によって獲得されているため、類似度は主に説明のプロセスの中で行われると予測できる。従って、類似度はゴール達成に必要な操作の数（円盤を移動させる回数）の数と反比例するはずである。ルールだけを知っている初心者群の判断パターンはおそらく素朴群と熟達者群の中間になるであろう。この群は与えられた状況のゴールを認識できるが、十分な知識を持ち合わせていない。よって特定のペアがゴールへと変換しやすい場合や、逆に著しく変換が難しいものであるならば、その判断は説明に基づくものになるだろう。一方、中間の状態については、説明を行うのに十分な知識が欠けているため、彼らの判断は特徴のマッチの度合に基づくと考えられる。

実験の結果、素朴群の類似判断は、予想通り、共有特徴の数に依存したものであった。一方の熟達者群が、ゴール達成に必要な操作の数の影響がきわめて大きいものになっていた。初心者群の判断は操作数にも多少影響を受けていたが、共有特徴の数の影響はそれよりもだいぶ強いものとなっていた。しかしここで注意したいのは、後者の影響は素朴群ほど強いものとはなっていないということである。

このようにゴールと説明に必要な知識の有無によって、類似判断は大きく変化する。熟達者群でのパフォーマンスが示すように、目標及び領域知識が利用可能な場合には、説明モードで類似が計算される。つまり、ここでは決定的な重要性を持つゴールと知識を用いて、操作回数という類似の観点を作りだし、重要な特徴と無視すべき特徴を区別し、もっぱら重要な情報に基づいた判断がなされている。一方、素朴群のパフォーマンスが示すように、目標も領域知識も利用できない場合、比較する項目の共有特徴に基づいた類似計算がなされるのである。

ストラテジーの違い

しかし前述した実験の結果の一部については別の解釈も可能である。熟達者群はその訓練の過程で何度もゴール状態を観察している。それだけでなく、ゴールに近い状態はゴールと時間的に隣接していることもまた観察している。とすると、彼らの判断は説明によるものではなく、単に繰り返し観察された隣接関係を利用したものに過ぎないのかもしれない。

こうした可能性を排除するためには、説明のための知識の利用のしやすさが異なる二つの思考方法＝ストラテジーを用いる熟達者群のパフォーマンスを比較すればよい。もし単純に隣接関係に基づいた判断を行っているとすれば、二つの群は（もし訓練の回数がほぼ同じであれば）同様の判断パターンを示すことになるだろう。一方、我々のモデルでは、知識の利用のしやすさは説明のしやすさ及び構造に大きな影響を与え、それは翻って類似性に影響を与えると予測する。

さてハノイの塔には様々な解決法＝ストラテジーがあることが知られている[71]。その中で対照的なのが、サブゴールストラテジーと移動パターンストラテジーである。サブゴールストラテジーとは、次のようなステップを踏む。

1 ゴールを達成するにはまず最大の円盤を目的のペグへ移動させせなければならない。
2 次に最大の円盤の上へ二番目に大きい円盤を動かさなくてはならない。
3 次に、もっとも小さい円盤を二番目の円盤の上におけばよい。

というものである。これは次に行うべき移動を常に指定してくれるわけではない。しかしながら、最大の円盤を目的のペグへ移動することが課題達成にとって重要なポイントであることを指示している。つまり、このストラテジーはよいサブゴールを与えている。

一方の移動パターンストラテジーは次のようなものである。

1 奇数回目の移動では、最小の円盤を移動せよ。

2 偶数回目の移動では、移動可能な円盤の中でもっとも小さいものを移動せよ（最小の円盤を除く）。

3 最小の円盤は常に右→真中→左→右→……という順に移動させせよ。

このストラテジーはサブゴールストラテジーと著しい対照をなす。すなわち、これに従えば、それまでの移動回数さえ記憶していれば、次に移動すべき円盤と場所は一意に決まり、サブゴールはほとんど必要とされない。ただ単に現在が偶数回目か奇数回目かを記憶しているだけでよい。しかし、それが分からなかったならば（たとえば途中の状態から始めるとか、奇数、偶数を忘れてしまうなど）、ほとんど役に立たない。したがってこのストラテジーは効率は良いが、柔軟性に欠けるストラテジーといえるだろう。

実験では参加者の一方はサブゴールストラテジーを教示され、それにしたがって訓練課題を行い、もう一方の参加者は移動パターンストラテジーで同様のことを行った。その後に、前述した実験同様の類似性評定を行った。結果は私たちの仮説を支持するものであった。サブゴールストラテジーを獲得したグループの参加者はゴール達成に必要な操作の回数に影響を受けた判断を行っていたのに対して、移動パターンストラテジーの参加者たちにはそうした傾向はほとんど認められなかった。

どちらのストラテジーを教わったグループも同程度の訓練を行い、ゴール状態とそれに近い状態の隣接関係について同程度観察しているわけである。したがって、練習問題での隣接関係の学習が始めの実験結果の原因であるとしたならば、両グループともに移動回数の関数となるような類似度評定を行うはずである。しかしながら、実験結果はこうした予測とは異なったものであった。この理由は次のように考えられる。移動パターンストラテジーは中間状態とゴールとの比較にはほとんど役に立たない。なぜなら、その特定の中間状態が偶数回目か、奇数回目かはみただけではわからないからである。したがって、このグループの参加者たちは説明による類似度評定を行うことができないため、特徴マッチによる評定を行ったと考えられる。

以上の結果をまとめてみると次のようになるだろう。まずゴールを認識するか否かにより、類似度判断が大きく変わってくる。またゴールを達成するための知識が獲得されているか否かによっても、類似度判断が変化する。ゴールを認識し、必要な知識をも獲得している場合には、類似は説明に基づくものとなる。そうでない場合は、特徴のマッチに基づくものとなる。また、熟達度が同じであっても、知識の利用のしやすさによって類似度評定のパターンが異なる。利用が困難な知識を獲得した場合には、類似度は特徴のマッチに基づくものになる。

これらの結果はゴールと知識を用いた説明というプロセスを仮定しないモデルではまず説明ができない。もし与えられた特徴だけを用いて類似が計算されるとすれば、熟達者と初心者の差を説明することはできない。また、単なる観察頻度をもとにしたモデルでは、同じ熟達者の間の差を説明することもできないだろう。

類似判断が与えられた刺激に支配された認知プロセスであるとすれば、思考や学習といった高次の認知活動の基盤となることはできない。類似が認知の基盤にあるとしたならば、それはゴールに敏感でなければならないし、知識などの認知的資源に対して開かれたものでなければならない。上記の一連の研究は、類似判断は説明と特徴マッチからなる、より複雑なメカニズムを含むことを明らかにした。人は問題のゴールを用いて観点を設定し、考慮すべき特徴とそうでない特徴を区別し、領域知識を用いた説明を行い、説明のしやすさに基づいて類似度を評価しているのである。

本章では、類似を思考の基盤に据えるという目的の下で、既存の類似モデルの欠陥を明らかにし、それを克服するためには人間の類似判断が構造とゴール・知識に対して開かれている必要があることを指摘した。そして、私たちの研究を含めた、これまでの研究を概括し、人間の類似判断がこれらの要因（構造、ゴール・知識）を取り込んで動的に変化することを明らかにした。これによって、類似に基づく思考の可能性について検討していくことが可能になった。次章では、これを探求する。

注

＊1　知識や世界の表現方法はこれだけと限らない。これとは全く異なった表現方法（たとえば分散表現）もある。

第4章　類推とはなにか

これまで思考が論理学や教科書にあるようなルールに基づいて働いているわけではないこと（第1章）、そして類似が人間の認知の様々な場面で用いられていること（第2章）を述べてきた。ただし、リスト化された特徴のマッチの度合いに基づくこれまでの類似の捉え方では、類似を思考へと拡張するのは難しいことを指摘した。そして人の類似性判断は、表面的な特徴だけでなく、思考にとってきわめて重要である関係、構造、そしてゴールといった情報をも取り込んだ上で計算されていることを明らかにした（第3章）。

これで類似に基づく思考、つまり類推が思考の基盤にあるという本書の目標へ近づくことができた。この章では、類推という認知活動の性質、及びそのプロセスについての「標準的な」解説をまず行う。次に私たちの日常生活が知識、経験の類推的利用に支えられていることを述べようと思う。続いて学問、社会における類推の利用例を示す。これらを通して、類推が特殊な心の働きではなく、私たちの生活に広く浸透していることを明らかにしたい。

4・1　類推の基本図式：ベース、ターゲット、写像

類推とは知りたいことを、それとよく似た既知のことにたとえて考えることを指す。認知科学における類推研究では、知りたいこと、あるいは未だよく知らないことをターゲットと呼び、既によく知っていることをベース（あるいはソース）と呼ぶ。そして「たとえる」は、ベースの要素をターゲットの要素に対応づける、あるいはベースの要素をターゲットにコピーすることと考える。このたとえる過程は、写像（mapping）と呼ばれる。この写像によって、我々はターゲットについて以前は知らなかったこと、あるいは気づかなかったことについて、何らかの推測や仮説を得ることができる。

もちろん、あるターゲットに対してどんなベースからでも写像が行えるわけではない。したがって、写像が行われるベースとターゲットの間には何らかの関係がなければならない。これは通常ベースとターゲットの間に存在する「類似」と考えられている。つまりよくわからないターゲットと類似しているベースを探し出し、そのベースに含まれる大事な情報をターゲットに写像することを類推と考えるわけである。*1

以上のことをまとめてみると図4・1のようになる。この図の上の二つの要素はベース

とターゲットの間でマッチする情報、つまりこの二つが似ていることを表す情報である。残りの要素は各々に固有であるが、ベースに固有な情報の中のいくつかはターゲットについても成り立つ場合がある。このような場合は、それらが写像され、ターゲットに新しい情報がもたらされる。

いくつかの具体例を挙げてみよう。小学校で電流について学ぶ際には、しばしば水の流れを用いた類推による説明がなされる。学習者の側からすれば、電流は不可視であり、それについての経験も少ない。これがターゲットとなる。一方、彼らは水の流れについては直観的ではあるが豊かな経験を持っており、そこから様々な知識を獲得している。これがベースとなる。ここで「ニクロム線の太さ(直径)が二倍になったら電流の量は増えますか?」という質問がなされたとしよう。この時、水流をベースとして用いれば、「管が太くなれば水の流れだって多くなるんだから、抵抗が太くなれば電流も多く流れる」と自然

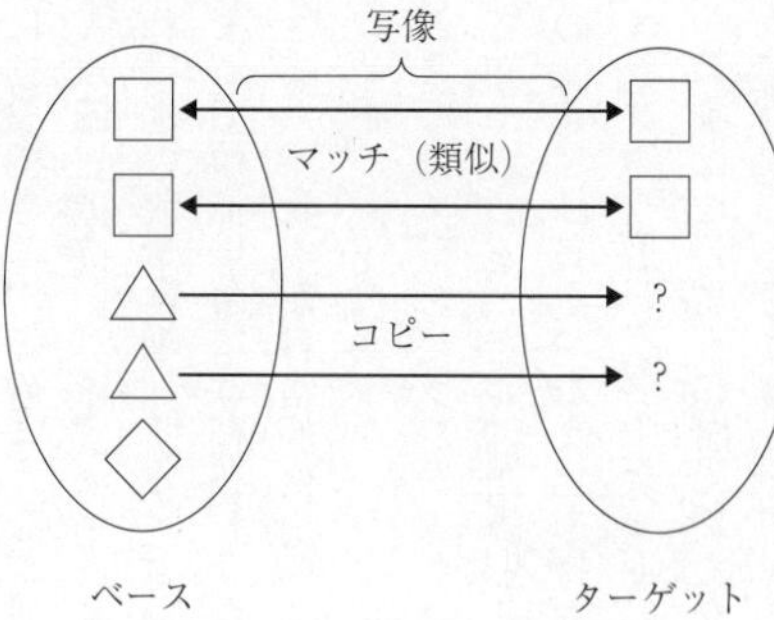

図4・1：類推写像の図式
上の二つの要素はマッチし、真中の二つの要素はベースからターゲットに写像される。

に推論できる。このような推論は上の図式が典型的に当てはまる例である。つまり、電流と水流、抵抗とパイプの細い部分、電池とポンプの間のマッチが生じ、「パイプが太くなれば水の流量は増加する」というベース中の要素がターゲットに写像されている。これによって類推以前には存在しなかった情報がターゲット内に生み出されている。

また、我々が日常的に用いる比喩も類推とほぼ同様の心的活動である。[*2] たとえば、「スコットランドのエジンバラという町は京都のようだ」という比喩（直喩）を考えてみよう。ここではエジンバラがターゲット、京都がベースとなる。[*3] この比喩を聞くと、京都について知っていること、「歴史的な建物が数多く存在している」、「古都である」、「現在の首都の文化とは異なった文化を持っている」などが、エジンバラに写像される。これによってエジンバラというターゲットについての新しい知識を得ることができる。

類推はこのように全く新たな知識を生み出すこともあるが、それだけではない。既に知っていることではあるが、あまりはっきりとは認識しなかった事柄を際だたせたり、普段とは異なる側面から物事を見ることを可能にするのも類推の役割の一つである。私の同僚の高木光太郎は新入大学院生に「君たちはレストランの客ではなく、これからはコックになるのだ」と述べたことがある。むろん私の所属は料理学校ではないので、これは比喩だ。大学院生なのだから、関連資料を読む、そこから研究をする、そして論文を書くということは既知である。しかしこの比喩によって、レストランの客が出された料理を美味いと感じるように、単に論文を読んで理解したり、覚えたり、すばらしいと感じたりするだけでは不十分であることがわかる。そして、研究素材（＝料理素材）選び、その検討（＝調理）の仕方、そして見せ方（＝盛り付け）を一人で考えていくということが際立つ。

このように類推は新たな知識の獲得や発見、仮説の生成、物事の再吟味などにおいて、強力なパワーを持つメカニズムであるということができる。

4・2　類推における対象、性質、関係

上述してきたように、類推においては写像が特に重要な役割を果たす。写像のプロセスの詳細は後述するが、ここで概念の整理を兼ねて、写像において中心的な意味を持つ、「関係」について述べる。

まず3・5節で述べたことをもう一度振り返っておこう。認知科学では一般的に世界や知識を記述する際に、対象（object）、属性（attribute）、関係（relation）を区別する。対象とは世の中、あるいは知識の中に存在する名詞で表現されるようなものを指す。対象はいわゆる物であってもよいし、出来事であってもよいし、抽象的な観念であってもよい。属性とは対象の性質であり、典型的には形、色、重さ、大きさ、価値などである。この属性は種や個体ごとに特定の値（value）を持っている。関係とはこうした対象同士を結び

	水流システム	電気回路
対象	パイプ ポンプ 細いパイプ	電線 電池 ニクロム線
属性	水圧 パイプの太さ 流量	電圧 抵抗 電流
主要な関係	接続 増加（流量：水圧） 減少（流量：細さ）	接続 増加（電流：電圧） 減少（電流：抵抗）

表4・1：水流と電流の対応関係

つける役割を持っている。この時、関係によって結びつけられる対象を、関係の項あるいは引数と言う。

表4・1は前節で述べた電気回路と水流の類推における対応関係を対象、属性、関係に分けて示している。ここで、表の右側と左側を見ると、対象や属性は各々で異なっている。これはある意味で当然である。というのも、ベースとターゲットは一般に異なった世界を表現しているわけだから、よほど類似した二つのものの間の類推を除けば、対象やその属性は通常は写像されない。たとえば、電気回路に字義通りの意味でポンプが存在することはないし、水は冷たかったり、液状であったりするわけだが、こうした性質は電流においては成り立たない。

一方、関係についてはどうだろうか。たしかに関係の項は異なっているが、関係それ自体は両者に共通している。本章の始めに、類推とは知っていることを知らないことに「たとえて」考えることであると述べたが、たとえていいのは実は関係なのであって、対象や属性ではないのである。[*4] この時、ベース中の関係の項は、ターゲット中の対応する対象に置き換えられてコピーされる。これを置き換えコピー

(copy-with-substitution) という。

類推のこうした性質から、類推と比喩を区別する研究者もいる[72]。この立場によれば、類推は関係の写像であるが、比喩は属性の写像であるということになる。たとえば、「あの子の頬はリンゴのようだ」という比喩(直喩)を考えてみよう。この場合、もしこの比喩が「赤い」ということのみを意味しているならば、ここでは明らかに属性の写像のみが行われている。

確かに、こうした比喩もあるかもしれないが、多くの比喩は単なる属性の写像以上のことが行われている。上に述べた「リンゴのような頬」も単に赤いというわけではないだろう。仮に頬をペンキで赤く塗った人がいた時に、私たちはそれをリンゴでたとえることはないだろう。したがって、ここには「赤い」という性質だけではなく、「つややかだ」とか、「新鮮だ(若々しい)」などの属性も同時に写像されている。そして、これらは単にたまたま一緒になって写像されるわけではなく、これらを結びつけるある種の関係、たとえば「新鮮なものは鮮やかな色をしている」というような関係が介在している可能性が高い。このように比喩と類推の区別は連続的なものであり、もっとも極端なもの同士を比較すればその違いは顕著であるが、実際に使われているものはその中間くらいに位置するケースが多いと思われる。そこで、以降、本書では類推と比喩は特に区別をしない。

確かに比喩はよく使うし、類推も説明などにはよく用いられる。しかし、これらは比較的特殊な心的活動ではないかという疑問が出てくる。何かにたとえるということは確かに重要なことではあるが、それが思考の基本にあるという仮説には無理があるというものである。

しかしながら、類推、すなわち何かを何かにたとえる活動は、文学作品、気のきいた会話、歴史に残る科学的発見などにしか見られないような特殊なものではない。それどころか、ほとんどそれなしには知的行為を行うことができないほど、我々が日常的に依存している心的活動なのである。類推あるいは比喩を特殊なものと考えるのは、それがあまりに自然に行われているので、我々がその利用に気づけないせいなのだ。

以下ではまず、私たちの日常生活が過去経験の再利用という意味で、類推に支えられていることを示す。次に、人間の知的活動を特徴づける言語も、比喩、類推によって支えられていることを明らかにしようと思う。そして、文学、科学、政治、法律、ビジネスなどの様々な社会的活動における類推を紹介する。

4・3 日常生活における類推

経験の再利用としての類推

さて私たちは日々活動をし、それらの多くは記憶、特にエピソード記憶として私たちの内部に蓄積されていく。昨日のことを振り返ってみてほしい。朝起きてから、夜寝るまでのことを随分とたくさん思い出すことができる。「寝坊して、朝ごはんをかき込んだ」、「駅はいつになく人が少なかった」、「隣の人が素敵なワンピースを着ていた」など、思い出そうとするといろいろなことが頭に浮かんでくる。また、ある活動の中で、全く関係のないことが不意に思い出されることも日常茶飯事だろう。昔聞いた曲のメロディーが突然頭の中で鳴り始める、数年来会っていない友人のことがなぜかふと頭に浮かぶなどである。また自分では思い出せなくても、人から言われて思い出すこともたくさんある。さらには思い出したくもないことを思い出してしまい、落ち込むなどのこともある。こういう次第で、私たちは日々膨大な量の活動を記憶し、想起している。

さらに不思議な記憶もある。記憶研究者が熱中してきた現象に、潜在記憶というものがある。潜在記憶とは、思い出そうという意思もなく、思い出したという意識もないのに想起が起きているという現象である。この研究ではプライミングと呼ばれる手法が用いられる。典型的な実験は以下のようになされる。まず事前課題として単語のリストが提示され、それを覚える。次に、語彙判断課題と呼ばれる本課題を行う。これは提示される単語が実際に存在する単語か否かを判断する課題である。提示される単語は、事前課題の中にあった単語、なかった単語、そして非単語の三種類である。すると、事前課題に出た単語に対する反応時間は、事前課題になかった単語のそれよりも短くなる[73]。

これだけ聞いても当たり前というように感じるかもしれない。しかし、この結果は重要なことを伝えている。語彙判断課題はあまりに単純で想起を必要としていない。「たまご」という文字列が単語か非単語かを区別するときに、事前課題を含めた過去のことを思い出す必要は全くない。実際、反応は瞬時、〇・五秒程度でなされる。だとすれば、既出の単語での反応時間の促進はなぜ起きるのだろうか。この理由を考えるためには、想起についての私たちの常識を捨てる必要がある。私たちは思い出した、思い出せない、というように想起を二分法で語るが、実際には〇・三思い出しているとか、〇・七思い出しているという状態があるということである（ここでは思い出したという自覚が生じる状態を一と考える）。そして事前課題の単語は〇・七くらい思い出している。だから、語彙判断課題でそれが出てきたときには素早く反応できるのである。

わかりにくいかもしれないので、類推的に説明しようと思う。思い出したという意識する状態は、水が沸騰して百度になったと考えてみよう。そして何十年も前に聞いて以来、全く耳にしたことがない単語の状態、たとえば「カノッサの屈辱」とかは零度だとしよう。事前課題である単語 x が提示された時、それは意識の上に登るので百度となる。その後にどんどん別の単語が現れるので、その単語 x は百度以下の温度となり、意識から消える。しかし一挙に零度になるわけではなく、本課題を行うあたりまではなまぬるい状態をキープしている。そして本課題で単語 x が現れると、それはまだ生ぬるい状態なので、全く出てこなかった零度の単語よりも速く意識に現れる＝沸騰する。このようなイメージである。

さて、本節の観点から重要なことは、このプライミング効果がきわめて長い期間持続するということである。読者はどのくらいと考えるだろうか。一〇分、長くても一時間くらいではないだろうか。しかし、その予想は全く外れている。一週間、五週間、そして一六カ月などというものさえある。こうした実験で用いられる単語数はかなり多く、一〇〇を超えるものさえある。だから、別途再認テストを行っても、見たことがあると意識できるものは数割程度でしかない。にもかかわらずプライミング効果はなかなか消えないのである[74]。

では私たちはなぜこんなにたくさんの事柄を記憶、想起するのだろうか。こうした問題には、進化的にアプローチしてみるのがよいかもしれない。すると、他の個体よりもたくさん記憶する個体、想起する個体は、そうでない個体に比べて生存、生殖の確率が高まったという仮説が得られる。つまりたくさん覚えることには、何かの利点があったのかもしれないと考えるのである。

この利点は、過去経験の類推的再利用による予測と、それに基づく行為の調整にあると考えられる。ある出来事が起き、どのような行動をとればよいかを決定しなければならないとする。もしこのとき、過去にその出来事と類似した出来事があり、ある行為を行ったところ、いい結果が得られたとする。だとすれば、現在の状況でも、同じ行為を行えばようまくいくだろうと考えるわけである。ここで現状はターゲット、過去の類似した出来事(の記憶)はベース、それの再利用は写像と捉えることができる。

たとえば、ある人と話をしなければならないとしよう。そして、過去にその人と話した時に、映画の話題で盛り上がったという記憶があるとする。だとすれば、今回も映画の話をすれば、うまく会話ができるだろう。ある食べ物を食べて腹痛になったとすれば、それとよく似た食べ物には手をつけない方がよいだろう。ある問題を解いた時にある公式を用いたらうまく解けた。現在、その問題ととてもよく似た問題を解かねばならない。このような時には、過去の問題を解くときに用いたその公式を使えばよい[75、76]。

つまり、たくさん記憶をしておけば、あとでそれを類推のメカニズムを用いて再利用することが可能になり、より適応的になれるわけである。だとすればたくさん記憶しておくことが生存戦略として合理的ということになる。必要のないこと、トリビアルなことまで記憶をしても、いいことはないのではないかと思うかもしれない。しかし何が後で役に立つかは、預言者でない限りわからない。だとすれば、とりあえず記憶しておいたほうが話は簡単である。これは詳細な分析を必要とせずに、行為の選択を可能にする、とても簡単なメカニズムである。過去の時点の記憶があり、またその時点と現在の時点の類似度を判断する能力さえあれば、簡単に実現可能なものである。そうした戦略をとった個体は、生存、生殖で有利となった結果、私たちはなんでも記憶してしまうという形質を獲得したのではないだろうか。[*5]

日常言語における比喩と類推

次の文章について考えてみよう。

「イギリスは自由があってよいけれど、社会が非常につめたくできている。われわれの国には自由が乏しいが、お互いに非常に暖かく生きている。私は自由よりも暖かさの方を選ぶ。」後進国から、イギリスに来た留学生は、しばしばこういうことをいいます。ずいぶん近代化されたはずの日本人でも、こういう不満を抱いてイギリスを去っていく人は沢山いるかと思いますが、先日もイランの学生が全くおなじ愚痴をこぼしておりました。確かに、イギリスには冷え切ったところがあります。（森嶋通夫『イギリスと日本――その教育と経済』、岩波新書、四六―四七頁）

これはイギリスの大学に勤めていた経済学者の森嶋が、イギリスでの経験をベースにして日本との違いを描き出すエッセイであり、文学的な効果を狙った文章ではない。特に気をつけなければ、比喩が使われていたかどうかすら、記憶に残らないだろう。しかしながら、ここにはいくつもの比喩が使われている。まず、すぐに気がつくのは「冷たい―暖かい」

という比喩である。社会は温度を持つものではないのだから、「社会が冷たくできている」というのは明らかに比喩である。

ところが、ここで使われている比喩はそれだけに留まらない。そこでもう一度「社会が非常に冷たくできている」について考えてみることにしよう。ここで注目したいのは、「社会」という言葉と「できている」という言葉のつながりである。「できている」という言葉の典型的な使用方法は、「この建物は頑丈にできている」などであろう。つまり、「できている」は、(人間が作るような)具体的な物体、特に建物に対して用いられる言葉であると考えられる。ところが、ここではそれが「社会」という言葉に対して用いられている。ということは、この表現においては「社会」が建物のようなものと見なされているわけである。こうした比喩の構造があるおかげで、「社会基盤」、「社会が崩壊した」なども理解可能となる。

こうしたたとえは、「自由が乏しい」という表現にも見られる。一般に「乏しい」という形容詞はなにかが少ない、足りない、十分ではないという意味で用いられる。ということは、なにかしら数量化できるような対象に対して「……が乏しい」と表現することがもっとも語義に忠実な使用だろう。たとえば「酒が乏しくなってきた」、「ここの図書館には本が乏しい」、「農地が乏しい」などの表現は「乏しい」の原義に忠実な使用だろう。さて、「自由」というのは、酒、本、農地のように数量化ができるような対象であろうか。「自由」という言葉に対して、「乏しい」という形容詞を用いるということは、「自由」を数量化可能なもの、つまり物体にたとえていることを示している。

このように、我々が何気なく用いている言語表現の中には数多くの比喩が用いられている。人間の認知における比喩、類推の働きを、初めて、そして徹底的に明らかにしたのは、レイコフとジョンソンである。二人はその著書『レトリックと人生（*Metaphors We Live by*）』において、日常言語に潜む比喩が豊富な例とともに、緻密で包括的な分析を行った[77]。

彼らの用語法にしたがえば、「社会が非常に冷たくできている」という比喩は、「建築物の比喩」ということになる。このタイプの比喩は、「理論」などを形容する際にも頻繁に用いられることが彼らの分析から明らかになっている。たとえば、

1　理論を構築した

2　その理論を支える証拠が必要だ

3　その理論は崩壊した

などは建築物の比喩を用いたものである。つまり理論というのは、証拠という土台、支柱に支えられて作り上げられるもの、という認識、イメージが私たちの中にあるのだ。そし

て、このイメージは比喩によって作り出されている。

また、「自由が乏しい」という比喩は「存在のメタファー」と呼ばれるものに相当する。これは本来「物」ではないものに対して、それらを存在物とする比喩であり、知識などにも適用される。たとえば、

1 彼は宗教について幅広い知識を持っている
2 それは浅知恵だ

などは「自由が乏しい」と同一のタイプの比喩である。ここでは知識というものが、ある広がり、深さ、奥行きを持った具体物のように捉えられている。先の文章の「不満を抱く」も、この例となる。

比喩がこのように頻繁に用いられる理由の一つは、我々が抽象的な概念を用いることにある。「社会」、「自由」、「理論」、「知識」などは、手にとって見ることのできないという意味において抽象的な概念であり、犬やたばこなどの具体物などとは異なるクラスに属している。したがって、厳密に考えた場合には、これらの抽象概念には専用の述語が必要となるはずだ[78]。しかしながら、個々の抽象概念ごとに新たな述語を作り出すのは、我々の用いる抽象概念の数、その多様性を考えると非常に難しい。一方、それらを具体的なも

のにたとえてしまえば、その具体物に適用できる述語のかなりの部分を借用することができる。こうした認知的な経済性が、比喩の頻繁な利用を説明する一つの要因であろう。また、一度比喩が使われると、そこから様々にイメージが広がり、内容的には空疎であるはずの抽象概念が豊かな意味を持つことにもつながる。

こうした観点からすると、比喩は特殊な文学的表現では全くないことがわかる。比喩は、抽象概念を用いて思考する人間のような存在にとって必要欠くべからざるものなのだ。

4・4　学問における類推

哲学と類推

哲学は神、存在、知識、道徳など、最高級に抽象的な概念についての探求を行う。だとすれば、哲学は比喩、類推の宝庫であるはずだ。事実、古来哲学者たちは類推を頻繁に用いてきた。プラトンの『テアイテトス』では、ソクラテスの問答法は、産婆術とたとえられる。これは、産婆自身が子供を産むわけではないが、この助けを借りて、妊婦は子供を生むことができる。これと同様に、問答法を行うソクラテス自身は何も生み出さないが、彼と対話を行うものの中に新たな気づき、知恵を生み出す。他に、プラトンの有名な比喩として、洞窟の比喩が挙げられよう。洞窟に繋がれ、洞窟の壁しか見ることができない人たちがいる。彼らの後ろには一本の道があり、その後ろには火が焚かれている。この道をいろいろなものが通ると、その影が彼らの目の前の壁に映し出される。この洞窟の住人と同じように、私たちは実在、本質を見ているのではなく、その影、虚像を見ているに過ぎないと、プラトンは論じている。

これらは有名な比喩だが、プラトンは次のような興味深い類推も用いている。

思惟によって知られる世界において、〈善〉が〈知るもの〉と〈知られるもの〉に対して持つ関係は、見られる世界において、太陽が〈見るもの〉と〈見られるもの〉に対して持つ関係とちょうど同じなのだ。（プラトン『国家』第6巻、藤沢令夫訳、岩波文庫、下巻、八二頁）

太陽がさんさんと降り注いでいるところでは、物事ははっきりと見ることができるが、夕闇になればはっきりと見えていたものも見えなくなる。これと同様に、善の働きによって、人は物事をよく知ることができるようになる、というのが、この類推である。これは、六つの項の間の関係をうまくまとめ、認識が成立する条件をわかりやすく伝えている。

現代の哲学者も類推の巧みな使い手が多い。進化と認識との関係を探求してきた、ダニエル・デネットもその豊富な類推、比喩で有名だ。心と体を分離して、脳が心の所在地だとする二元論の発想は、世界から受け取った情報を組み合わせて脳の中に作り出したもの（劇場）を、観劇するもの＝意識、自己が存在しているというようなものだとして、デネットによって「デカルト劇場」と揶揄される。

また彼は進化がどのようなものかを説明する際に、十種競技を基にした類推を行う。ただしここでの十種競技は、現行のそれとは異なり、勝ち抜き戦となるという。つまり最初の競技、たとえば砲丸投げで上位一〇パーセントが、次の棒高跳びに進める。棒高跳びもまた同様で、上位の何パーセントかが次に進める。進化とはこのようなものだ、というのがデネットの考えである。この類推がとても優れているのは、このような競技形式の場合、最終勝者が最も優れた選手とはならないことが容易にわかるからだ。どんな順番で個別の競技を行うかによって、誰が次の競技に進めるのかが変わってくる。これと同様に、どんな自然環境がどんな順番で現れるかにより、生存する種、個体が変化してくる。私たちは何かが優れていたので生き残ったわけではなく、単に偶然生き残っただけなのだ、そうしたことがこの類推を通してよく理解できる。

また哲学者、神学者たちが、神の存在証明に用いてきたものの一つに、設計原理というものがある。たとえば、ある未開の地を探索しているときに、あるものを見つけたとしよう。それは、相当な数の部品が、巧みに組み合わされた、たとえば時計のようなものだったとしよう。これを見つけた我々はどう思うだろうか。まさか日光、雨、風に長年晒された結果、この物体ができ上がったとは思わないだろう。きっと、ここにはこれを作った人、つまり意思と知性を持った主体が存在したと考えるだろう。さて自然の中には、一定以上複雑な構造を持つもの（たとえば人や動物の身体）が存在する。これらも自然にでき上がったものではなく、それを設計するという知性とそれを実現する意思を持つ存在がいるはずである。それが、神なのだ、というのが、設計原理に基づく神の存在証明である。これは、時計状の物体の例をベースにして、複雑な構造物には意思と知性を持った設計者がいることを導き、それを人や動物の身体というターゲットに適用し、神の存在を証明するという類推である。*6

文学と類推

言うまでもなく文学は比喩、類推の山である。榛谷泰明《ほんがいやすあき》による『レトリカ：比喩表現辞典』には、古今東西の文学作品に現れた比喩表現が四〇〇〇あまりも載せられている[80]。たとえば「月」をターゲット（被喩辞）にしたものについては、

ふと気がつくと、色の冷めた卵黄のような月が出ていた。（三枝和子『曼珠沙華燃ゆ』）

というような、わかりやすい比喩もあれば、

頭上には、充血した目のような月が、靄の赤い暈をかぶって、黄白色の光を投げていた。（シュテファン・ツヴァイク『女と風景』高辻知義訳）

のように、（少なくとも私には）イメージのしにくい比喩もあるが、一二〇以上もの例が取り上げられている。こうした事情からか、

月は宇宙のろうそく。心のたき火。詩人たちの夢枕。（長谷川時夫『宇宙の森へようこそ』）

などという詩まである。また、これらの比喩は、単に月を形容しているというだけではないだろう。比喩によって形容される月は、それを知覚する主人公、作者の心情の比喩ともなっている。

こうした単語レベルの比喩もあるが、類推的な性質を帯びた比喩もある。

彼女の考えは彼の考えとおなじであるべきで、広い鹿猟園に付属する小さな庭園のように彼の考えに付属するものでなければならなかったのだ。彼は土壌をそっと掻き、花

に水をやり、花壇の雑草を取り、時々花を摘んで花束を作ることだろう。すでに広大な土地を所有しているものには、この庭園は美しい所有地になることであろう。(ヘンリー・ジェイムズ『ある婦人の肖像』行方昭夫訳)

これは主人公であるイザベルが、夫であるギルバート・オズモンドとの関係について悔悟を込めながら語った一節である。ここでは、夫唱婦随の関係が、広大な鹿猟園の主人とその中の小さな庭園との関係として語られている。単に夫唱婦随とだけ述べるのと比べて、妻は保護され、可愛がられる存在であるとともに、主人に属するものであり、意思に従うべきものという姿が鮮やかに、そして豊かにイメージできる。*7

科学と類推

科学的な発見で類推を用いたとされるのは、ガリレオ、ホイヘンス、ニュートン、フランクリン、ラヴォアジエ、カルノー、ダーウィン、マックスウェルなど、科学史にその名を残す大学者たちである[4]。ダーウィンは、マルサスの人口論(むろん人間の)に書かれた、リソースの欠乏から生じる生存競争が、動物にも成立するという類推的な思考を行うとともに、畜産家が種の改良において行う人為淘汰を類推的に自然界にも適用して、進化論を築き上げたと言われる。またガリレオは彼の地動説への反対者が、「もし地球が動いているとしたら、塔の上から落とした石は、（その間に地球が動くので）塔の真下には落ちないはずだ」と述べたのに対して、動いている船のマストから石を落としても石はマストの下に落ちる、という例を利用して反論した。ここでは、反対者が挙げた例の「動いているものに物体を落とせば、その落下地点は、物体から手を離した時点の直下とは異なる」という前提が成立しないことが、船というベースを用いて説得的に論じられている。

本書が拠って立つところの認知科学というのも、類推を抜きには語れない。認知科学は、人の知性をコンピュータの情報処理のようなものとみなしている。人間が世界から受け取る刺激は、キーボードからの入力、人が頭の中で行うことはプログラムによる入力の処理、人の行為などはディスプレイなどへの出力と捉える。さらに、ワーキングメモリはRAM、長期記憶はハードディスクなどと考える。すると、RAMの容量、ハードディスクの応答速度などと対応する人の記憶の性質についての研究が始まる。つまりここでは、人の知性という、よくわからないターゲットに対して、人工物であるがゆえに中身がわかるコンピュータ上の情報処理というベースを用いている。

もっとも、こうしたコンピュータの情報処理に基づく類推は、仮説を立てる時に使われるのであって、認知科学の目標ではないことは付け加えておきたい。認知科学を発展させたのは、人間の情報処理とコンピュータのそれとが同じであるという結果よりは、両者がひどく異なるという結果の方である［82］。

さて面白いことに、こうした枠組みを批判するときにも、類推が使われる。哲学者のサールは、「中国語の部屋」という非常に面白いベースを自分で作成している。これはおおむね次のようなものである。ある部屋に英語しか理解できない人が閉じ込められている。ただしこの部屋には、中国語のすべての単語列に対して、それに対応する操作（並べ方、置き換え方など）が書かれた紙がある。これを利用すると、全ての中国語に対して、なすべきことがわかり、それに従って文字を並べられる。すると外部から送られた紙に書かれた、全く意味のわからない中国語に対して、適当な応答となる中国語を返すことができる。さて、この部屋の中の人は中国語を理解しているといえるだろうか、というものである。おそらく多くの人は、この部屋の中の人間は指示に従って動いているだけで、中国語を全く理解していないと判断するだろう。サールはこのベースをもって、コンピュータの言語理解というターゲットへ、次のような推論を行う。この部屋の人と同様、コンピュータ・プログラムも与えられたプログラムに従って処理を進めるだけであり、文の内容は全く理解していないのだと[83]。

サールの類推の適切性の判断は差し控えるが、この例は面白い示唆を含んでいる。つまりベースは過去の経験に基づく、豊かな知識表象というのが、一般的な類推研究者の見解だが、この例はそうではない。ベースは既に存在しているのではなく、ターゲットであるコンピュータの言語理解の可能性という問題から、その場で作り出されたものなのである。

この点は非常に大事なので、6・4節で詳しく論じることにする。

さて認知科学はコンピュータでの情報処理をベースとしたアナロジーにより研究を進めてきたが、コンピュータ科学の分野でもアナロジーは大事な役割を果たしている。ニューラルネットワーク、コネクショニストと呼ばれる情報処理は、人間の神経回路網を模したものであることはよく知られているだろう。プログラム上に仮想の細胞体（ノードと呼ばれる）を配置した階層を脳同様多数作り、その間を樹状突起、シナプス結合を模したリンクで結んで、様々な強さの活性、抑制の信号を伝え合うことで、知的課題を達成させることができる［84］。

人工知能の中に有名な、あるアルゴリズムがある。これは多数のプログラム*8をランダムに生成し、それがどの程度うまく働くかを評価する。そしてその時点で最良のプログラムの一部と、他のいくつかのプログラムの一部を組み合わせたプログラムをまた多数作り出す。それを動かして評価し、また組み合わせるということを繰り返す。またこの過程で、一定の割合で組み合わせにわざとエラーを入れる。これを数十回繰り返すと、きわめて優れたプログラムが生み出される。

これは遺伝的アルゴリズムと呼ばれている。名前から明らかなように、遺伝子を取り込んだ現代の進化論をベースにした類推に基づいたものである。進化論における差異を持つ多数の個体は、ランダムに作り出されるプログラムに該当する。そして淘汰圧はプログラムの評価、組み合わせは生殖、そのエラーは突然変異に対応している。
また類推を用いることで発明が促進されたこともある。ベルは、人間の耳の構造に基づいて、それと同じように振動を伝える装置を開発し、電話機の発明につなげていったのは有名な類推による発明の例である。またマジックテープ（ベルクロファスナー）は、開発者の飼っていた犬の毛にゴボウの実が付着したことに始まる。それがなぜかを研究し、同じ方法で二つのものを付着させることが可能になった。

4・5　社会と類推

教育と類推

国語においては様々な文章が用いられるが、これらは比喩や類推を抜きには語れない。それは言語を用いるからであり、ある意味で当たり前である。以下は、高校の国語の教科書に採用されている南木《なぎ》佳士《けいし》の「急須」の一節である。

こんなふうに、老婆たちの会話は含蓄に富みすぎていたから、幼かった小学生には十分に消化できなかった。(1)だから、それらの断片はそのままのかたちで記憶の倉庫の片隅に保存されている。(2)四十歳の峠を越えた頃より、(3)古びた一言半句の真意がふと理解できる瞬間が訪れるようになった。しかし、懐古の微笑は浮かばない。むしろこのまま坂を下って行けば(3)あの頃の老婆たちの年齢に限りなく近づきつつあるのだと自覚させられ呆然としてしまうのである。(南木佳士「急須」『文學界』一九九六年七月号)

下線部(1)は理解という抽象的な事柄を、食べ物の消化と捉える比喩である。単なる慣用句のようにも思えるが、理解とそれによる学習の関係が、消化、そして栄養の摂取という関係として捉えられている。下線部(2)は、記憶を何かを貯蔵することと見なしている。記憶の場所(長期記憶)は、倉庫のように捉えられ、記憶する事柄は倉庫に保存する何かの具体物であるかのように捉えられている。下線部(3)は、レイコフが指摘する「人生は旅」という比喩構造が適用された表現である[85]。人生には出発点と目的地があり、そこを歩みながら目的地へと進んでいく。旅の途中にトラブルがあるように、人生においても障害、困難が訪れる。この文では、人生が峠道にたとえられ、四〇歳あたりが峠の頂点であると述べられている。さらに、この作品では主人公が急須を磨き、艶を出すということに熱中する場面が二度出てくる。これらの場面はいずれも、主人公が行き詰まった状況に陥った時である。急須を磨くという自己完結的、閉塞的な行為は、こうした主人公の人生の状況を類推的に表現しているとも考えられる。*9

また理数系の科目は、基本的に類推のメカニズムを使うことを前提としている。法則、公式、解法などは、数式というルールで与えられる。第1章で述べたように、これらの抽象的ルールを一度教わっただけで使いこなすことはほぼ不可能である。そこで、一般的には例題が用いられる。例題は、実際の問題においてルールがどのように用いられるかを範例的に表すものと言える。つまりルール中の変数が、問題の何と対応するのかが、例題を通して示されるのである。そして児童、生徒は、法則、公式、解法、そして例題での対応のさせ方を類推的に適用して応用問題、テスト問題に挑むことになる。つまり、応用とか、学習の転移などと言われるものは、ほとんど類推を基盤としているのである[75]。これについては、6・5節で詳しく論じることにする。

教育観と言えるようなものにも類推が入り込む。文部科学省は大学に、アドミッション、カリキュラム、ディプロマの三つのポリシーを明示することを求めている。アドミッション・ポリシーとは、どんな学生を入学させるかに関わるものである。カリキュラム・ポリシーとは、どんな教育をするかについてのものである。ディプロマ・ポリシーとは、どんな学生を卒業させるか（学士の学位を与えるか）についてのポリシーである。これは文部科学省により義務化されてしまったため、ありそうもない美辞麗句からなるポリシーを並べたホームページをどの大学も作っている。ここには、「工場」あるいは「ものづくり」との面白い類推関係が存在している。アドミッション・ポリシーは原料確保の指針であり、カリキュラム・ポリシーは加工の指針であり、ディプロマ・ポリシーは製品の品質保証ということになる。つまり、学生は原料であり、教育は加工作業であり、卒業生は製品のようなものとして捉える類推が存在している。こうしたことから、工場が製造責任を負うように、学生、教育の「質保証」とか、工場が従業員の労働時間を管理するように、授業時間を厳格に守れといった話が出てくる。*10

政治と類推

政治の世界でも類推はよく用いられる。ホリオークとサガードらは、アメリカの政治家が政治的意思決定場面で類推的な思考を行うことを数多くの例を通して紹介している。たとえば、一九九一年のペルシア湾岸戦争においては、当時のイラクの大統領であったサダム・フセインを第二次世界大戦の時のヒトラー、当時のアメリカ大統領は英国首相であったチャーチルへと対応づけた類推が行われたという。他にも、キューバ危機を真珠湾攻撃との類推関係で捉えるなどの議論もなされたらしい[4]。

レイコフは、アメリカの政治状況が共和党支持の保守系と、民主党支持のリベラル系とに分かれている状況が、政府、国家に関する根源的な二つの比喩構造に基づいていることを指摘している。前者は「厳しい父親」をベースにして、国家と国民の関係を捉える道徳観である。ここでは国家は厳しい父親であり、国民はその子供とみなされる。すると政府、国家は厳しい父親の役割と同じ役割を果たすことになり、国民は父親である国家のルール、命令に従い、自立することが求められる。後者は、「慈しむ親」として国家を捉える道徳観である。ここでも国民は子供と見なされるが、親である国家に保護され、尊重されることによって成長し、自立するようになるものと見なされる。これらのコアとなる比喩構造が派生的な比喩と結びつくことで、妊娠中絶、租税制度、社会保障などについて深刻な対立を生み出すという[86]。

むろん、日本の政治家も負けてはいない。イラク戦争の例を出してみたい。この時、大量破壊兵器がイラクにあるという（嘘の）情報が世界に広まった。こうしたことで、この大量破壊兵器の発見と除去のために、各国が軍隊をイラクに派兵した。日本も国際協調（?）という名目で、自衛隊がイラクに派兵されることになった。ところがいつまでたっても大量破壊兵器が出てこない（ないのだからむろん発見されようもない）。これを国会で野党から追及された時に、自衛隊派兵を決めた、当時の首相小泉純一郎は「フセインが見つからないからといって、フセインがいなかったということになりますか」と答弁した。実はこの時、当時のイラクの大統領であったサダム・フセインが逃亡しており、各国がその捜索に当たっていたのである。ここでは、「フセインは見つかっていないが、確実に存在している」という事実をベースにして、ターゲットである大量破壊兵器の存在の有無について類推を行っているのである。

政治家たちは類推、あるいは喩えが好きで、いろいろなところに使う。イラク戦争に関してもう一つだけ挙げてみる。イラクは当時とても危険な地域になっていたために、邦人の入国は厳しく制限されていた。しかし三名の日本人が、報道、教育などの目的でこの勧告に従わず、イラクで活動し、不幸なことに拉致されてしまった。日本政府の様々な活動のおかげで三人は無事救出され帰国したが、帰国の際のインタビューで一人が「また行きたい」と答えたことに対して強いバッシングがなされた。そのバッシングの一つに、ある政治家が行った登山との類推を用いたものがあった。登山の際に遭難した場合の救出費用は全額遭難者の支払いになるというベースを用いて、今回の件も危険を承知で渡航したのだから、救出費用を彼らに全額支払わせろという類推である。

いずれも誤りの部分を多数含む類推である。最初の小泉元首相の類推が成立するとすれば、同じ構造を用いて、どんなものでも存在する可能性があることになってしまう。二番目の拉致と登山の類推は、三名の日本人は犯罪被害者であるという、重要な事実を見逃している。ただいずれも、人を一時的にでも納得させ、行政、国家権力の思う方向に人を誘導する力を持っている。これについては、4・6節でもう少し論じることにする。

法律と類推

法律においても類推は頻繁に用いられる[*11]。判例主義をとる国では、過去の判例と現在の問題との類推が基本とならざるを得ない。日本では刑事事件については罪刑法定主義が確立しており、類似した事実に適用される法規を類推的に利用して処罰することはできないとされている。ただ実際には類推と見なせるようなグレーなケースもあると言われている[88]。

法律学的に類推と呼ぶかどうかはわからないが、本書の観点からすれば類推と見なせる事例は数多く存在する。例として、電気窃盗を挙げることができよう。旧刑法では、窃盗はいわゆるモノ、有体物について成立するとされていた。しかし電気はいわゆるモノではないので、それを盗んでも窃盗には当たらないとして裁判が行われた。結果として、電気は窃盗の対象となるとされ、盗んだ会社は有罪となった。この時、使われたのは、管理可能性という、有体物と電気とに共通する性質であった。これは、3・4節で述べた、観点の導入による類似の生成の例と考えることができる。

民事裁判においては、興味深い類推が見られる。以下、後藤巻則の挙げた判例とその解説に従って、裁判における類推適用について考えてみる[89]。

かつらメーカーのY社とX社で、櫛歯ピンを取り付けたかつらについての特許権侵害紛争があった。そして「Xはこれを製造販売しない（第一項）」、「Xがこれに違反した場合には違約金一〇〇〇万円を払う（第二項）」という和解が成立した。その後、Y社はこれが守られているかを確認するために、関係者ZをX社の販売店に送った。Zは櫛歯ピン付きのかつらの販売を強く要請し、X社の従業員はこれを拒めず、櫛歯ピンを取り付けてかつらを販売してしまった。この時Y社はX社に違約金を請求できるか、というものである。

素人感覚では、当然そんな請求ができるはずがないと思うが、それに直接的に該当する法規が存在していない。

一方、民法ではその一三〇条には条件の成就の妨害というものが述べられている。これは「条件が成就することによって不利益を受ける当事者が故意にその条件の成就を妨げたときは、その条件が成就したものとみなすことができる」というものである。たとえば、マラソンに優勝したら一億円をあげるという契約があったとき、その選手が優勝しそうになったので体当たりしてゴールを妨害し、一億円の支払いを免れたなどの場合は、その選手は優勝した、つまり条件が成就したとみなすのである。

ただ、これは条件成就の「妨害」に関する法律である。一方、かつらメーカーの件は条件を無理やり成就させたものであり、条件成就を妨害したわけではない。これについて、最高裁は、「条件成就によって利益を受ける当事者が、故意に条件を成就させた時には、民法一三〇条が類推適用される」とし、条件が成就していないという判決を下した。

これは通常の類推とは言いにくいかもしれない。ある条件の達成において、P（故意の妨害）ならばＱ（条件成立）というのが民法一三〇条であるのに対して、本件ではＰ（故意の促進）ならば$\overline{Q}$（条件不成立）というものであるからだ。ただ、条件の達成、そこへの悪意の介在という点で見れば、類似していると考えることもできる。類推を広く捉えれば、これも類推とみなすことができるかもしれない。

椿寿夫と中舎寛樹が編纂した司法における類推適用についての本の中で、類推適用が必要になる事情を、ビッグバンを用いた類推によって説明するという、面白い試みがなされている。この類推では、条文は星で、社会が宇宙、法的問題が宇宙船となっている。初期には狭い空間の中に星がギッチリと詰まっているので、宇宙船はどこかの星に引きつけられる。これと同様に、民法制定時点では法的問題は何らかの条文の適用圏内に入ることになった。しかし宇宙が膨張するのと同様に、社会が発展することにより、どこの条文の圏内にも収まらないような問題が多数現れるようになった。そこで類似性（近さ）などを用いて対処しようというのが、類推適用ということになるのだそうだ[87]。これ自体は司法ではないが、類推としてとても興味深い。

ビジネスと類推

ビジネスの現場もまた、類推に溢れている。もっともわかりやすいのは模倣である。他社が様々な製品開発の努力の結果生み出したものと同じものを、より安価に、より魅力的に、より購買しやすいように作り出し、その市場を独占しようとすることは日常茶飯事である。これによって高付加価値だった商品が、あっという間にコモディティ化することが現在問題となっている。白物家電はだいぶ前からそうなっていたし、パーソナルコンピュータなども、どこのメーカーのものを買っても基本的にはほとんど同じという状態になっている。

ただこうした模倣、モノマネレベル以上の類推を活用し、企業を飛躍的に発展させる例も見られる。井上達彦は創造的模倣を成し遂げた企業の分析をその著書の中で行っている[90]。それによれば、カンバン方式と呼ばれる、トヨタ自動車の生産システムは、アメリカのスーパーマーケットをベースとした類推に基づいているという。スーパーの客は、自ら必要とするものを必要な時に必要なだけ買う。これと同じように、自動車生産でも後の工程（トヨタ）が、必要な分の部品だけを、その前の工程（下請け）に買いに行く。このようにすると、前の工程も引き取られた分だけを補充すればよい。こうした着想のもとで、トヨタは一九五〇年代からスーパーマーケットの研究を始めたそうである。

この類推は、非常に遠い業種間で行われていることが印象的である。またそれとともに、この方式の立案者は、実際のスーパーマーケットを見て発想を得たわけではないところにも驚かされる。ただ、より印象的なのは、この類推を完成させるために行う、その後の作業である。スーパーマーケットのような方式を取り入れたとしても、もしある工程が特定の部品を大量に引き取ってしまうと、欠品が起きてしまう。こうした事態が起きないように、生産量の平準化などの様々な努力が積み重ねられてきたという。これは、現実社会における類推においては、写像だけでなく、次節で述べる適合というプロセスがきわめて大きな部分を占めることを示している。

また井上は反面教師という、別の類推のあり方を示している。つまり、手本を真似るのではなく、手本と逆のことを行うのである。これの例として挙げられているのが、バングラデシュのグラミン銀行である。この銀行は、農村にいる貧困層の女性たちのグループに、無担保で少額の融資を行うという方針で運営されている[*12]。これは通常の銀行のまるで逆を行っている。通常の銀行は多額の融資を相応の担保をとって行おうとする。また銀行は主に都市部で展開し、主な顧客も男性が中心となっている。このように、従来のシステムを反面教師として活用するのも、ある意味で類推と言えるかもしれない。なおこの銀行の設立者のムハマド・ユヌスは、貧困の克服に対するこの独創的な解決方法の提案と実施の功績を認められ、ノーベル平和賞を受賞している。

4・6 思考のツールとしての類推

類推は、思考を深めるためのツールとして活用することも可能である。特に興味深いのは、ある類推を別の類推を用いて検討するというものである。

日本でもしばらく前に話題になった、ハーバード大学の倫理学の教授であるマイケル・サンデルは、類推を巧みに用いて倫理学の根本問題を学生たちに考えさせる講義を行っている。ブレーキの効かなくなったトロッコの話も面白いが、ここでは彼が来日した時にテレビで行ったある講義を取り上げてみよう。彼は最初に、代理出産が倫理的、道徳的に許されるのかを学生に問う。ここで取り上げられる代理出産は、欧米や日本のような先進国の夫婦が、彼らの受精卵をインドの貧しい女性に着床させ、出産してもらうというものであった。インドの女性には、これの謝礼として多額の報酬が渡される。次に彼は、徴兵制が敷かれ、徴兵される人間がクジで選択された時代に行われた代理戦士の話をする。代理戦士とは、徴兵のクジを引いてしまった人が、徴兵を免れた人にお金を払い、代わりに戦地に赴いてもらうという制度である。これをどう思うかをも学生に尋ねる。

さてこの二つの話がある意味で類推的な関係にあるとすれば、二つの話に対する態度は同じになっても良さそうである。しかし実際はそうならない。最初の話についてはほとんどの学生が賛成し、二番目の話では反対が三分の一から半分くらいの間になる。また仮に一貫して賛成という人でも、代理出産には無条件で賛成であるが、代理戦士になるとその確信の度合いはやや減少するのではないだろうか。

おそらく代理出産の場合、子供が欲しくてもそれが叶わない夫婦の可哀相な姿が焦点化される。すると、そうした不幸な状態を脱するために、相手が同意しているのであれば、代理出産は悪くないと判断されるのではないだろうか。一方、代理戦士の話になると、戦士は戦争で死ぬ場合があることが焦点化され、他人の命を金で買うようなことが許されるのかという推論が生み出され、結果として反対、あるいは躊躇が生み出されると思われる。

実は類推が思考のツールとして魅力的なのは、こうした揺らぎを生じさせるからである。つまり、二つの話ともに、金銭により人の生命を危険にさらす可能性があることに気づき、当初の単純な判断に留保がつけられなければならないことがわかるのである。代理出産では見落とされていた妊婦の健康や生命の安全が、代理戦士の生死を考えることによって焦点化される。確かに日本では妊産婦の死亡は十万人に五人程度ときわめて少ない。しかし、他国、特にインドのような国では、桁が二つくらい上がる。サンデルの授業では取り上げられていないが、これは代理出産反対の人に対しても同様である。もしその反対が「金で人を拘束し、危険にさらすから」という単純なものであれば、危険な建設現場で働く人の話を類推的につくりだせばよい。まさか、それも無条件に禁止というわけにはいかないだろう。

代理出産に対して、どちらの態度が正しいのかは問題ではない。こうした類推による揺らぎを通して、多数の人が納得できる条件を探ろうとすることが重要なのである。類推は単純な帰結を見直し、より深いレベルでの思考を生み出すための便利なツールなのだ。

同様のことは、4・5節で取り上げた、イラクでの邦人拉致問題についても言える。確かに規則、勧告を無視して、被害に遭ったとすれば、それは登山での遭難同様、自己責任となるかもしれない。しかし、夜道は危険であることを知りながら、夜中まで遊び、帰りに襲われた人はどうなるだろうか。これも自己責任だろうか。その犯罪捜査の費用は、被害者が払うべきものなのだろうか。こうした類推をいくつも作り出すことにより、自己責任論が犯罪被害者に対して本当に適用できるのかが焦点化されてくる。

また前節で述べた、文部科学行政が進めている工場としての大学という暗黙の類推に対しても、大学は里山、生態系だ、という別の類推が可能であるように思う。いろいろな生き物たちが相互に依存し合いながら、自分のいるべき場所を見つけ、そこで育つというイメージである。どちらが適切かは読者に委ねるが、こうした別の類推により、大学の異なる側面が際立つことは間違いないだろう[91]。

類推はあるターゲットに対して一つだけ決まるというわけではない。また類推の結果生み出される推論が正しいという保証もない。だから厳密性を求める人たちからは敬遠されるのだろう。しかし、上で述べてきたように複数の類推を対比して、思考を深めることは、人の生命に関わること、多数の人が影響を受ける社会的決定など、慎重な判断が求められる場合には必須ではないだろうか。

4・7　人はいつから類推するか

これだけ比喩・類推が氾濫している世界の中で育つ子供は当然のことながら、発達の初期から比喩、類推のよい使い手でなければならない。実はそうした証拠は数多く挙げることができる。そもそも子供の未発達の証拠として、「子供は見かけにとらわれる」ことを示す実験結果が挙げられることが多い。これは見かけの似たものは似たような行動をする、あるいは同じグループに入れられるという、類推の結果として解釈できるだろう。

しかし、類推はそうしたネガティブな働きをするだけではない。初期の発達心理学研究で取り上げられたものに、アニミズムがある。アニミズムとは本来生物ではないものに意図を付与し、その運動を意図から説明するという思考方法である。子供にとっては、どんなに歩いても月が頭上にあるのは、「月がその人を追いかけてくる」からであったりする。これは研究の初期には、幼児の未発達な思考の現れとして取り上げられた[92]。

しかし、本書の観点からすれば、このアニミズムはまさに子供が類推の使い手であることを示す証拠となる。彼らがアニミズムを用いて思考するのは、まさに我々が「自由が乏しい」と言ったり、「社会が冷たくできている」というのと同じメカニズムによっていると考えられる。つまり、よくわからないこと、未知のことを目の前にして、自分のよく知っている人間というベースからの写像を行っているのだ。そして人の運動は意図に基づくから、月の運動も月の意図に基づくと考えるわけである。

また幼児は、人間でない生き物も人間であるかのように考える。これは擬人化と呼ばれる。この擬人化は、未知の生物の属性を推測する場合に、人間をベースにして、その特徴をターゲットとなる生物に写像することと見なせる。これもまた幼児の未熟な思考と捉えられてきた。

しかし、擬人化における写像は、ベースとなる人間との類似、そして過去の経験からの評価に基づく合理的なものであることが、稲垣佳世子と波多野誼余夫《ぎよお》の一連の研究から明らかにされている。たとえば、「ペットの兎に水を与えなかったらどうなるか」というような質問をされた時、兎自体はよく知らなくても、また生体の維持のメカニズムをよく知らなくても、人間にたとえることによって適切な解を得ることができる。またこの類推は、人間との類似度によってコントロールされたものであり、やみくもに写像を行うわけではない。同じような類推を石や岩に対して行うことはない。また、かごに入れられて置き去りにされた兎はどうしたらいいかというような場合に、人間を用いた類推（たとえば「助けて」と叫ぶ）を行っては妥当な結論は出てこない。こうした状況では子供は類推を行わない。これは事実的知識に基づくコントロールである。これらのチェックを巧みに行いながら、子供は擬人化という類推を巧みに行っているのである［93、94］。

このように類推は子供の認知の様々な場面に現れる。その一方で、四項類推と呼ばれる古典的な類推課題を用いた場合、子供はうまくその課題を達成できないことが指摘されてきた。四項類推は一般に、$a : b = c : x$ という形式で表現される。たとえば、「シャツ：ボタン＝ズボン：x」という問題が与えられ、xに該当するもの（たとえばジッパー）を複数の選択肢の中から選ぶという課題は典型的な四項類推課題である。この課題では、シャツとボタンの間にある関係を推測し、その関係を右辺に写像し、その関係が成立するようなxを選択することが求められる。

就学以前の子供に四項類推を行わせると、左辺の関係とは無関係に、cの項と連想的に結びつくもの（たとえばスカート）を選択する。小学校低・中学年程度の子供は、類推を完成させることができるが、実験者がわざと他のものを示唆すると、その示唆にしたがってしまう。小学校の高学年くらいになるとやっと妨害的な示唆にも惑わされずに類推を行うようになるという。

しかしこうした結果は、aとbの間の関係の抽出がうまくできないような題材が用いられるからかもしれない。たとえば「リチウム：酸素＝ホウ酸：?」を答えよと言われたら、多くの大人は答えられないだろう。[*13] これと同様に子供たちも左辺の関係が理解できないために、類推に失敗している可能性がある。ある実験では、粘土の塊と切った粘土というような、容易にその関係が理解できるものをaとbとして提示し、cとしてはリンゴを提示した。そして、リンゴと連想関係にあるもの（バナナ）、リンゴと形状が似ているもの（ボール）、リンゴに別の操作が加えられたもの（いたんだリンゴ）、切る操作が別の対象に行われたもの（切ったパン）、そして正解である切ったリンゴの五つを提示し、適切なものを選択させた。すると三歳児でも半数以上が、六歳児になればほぼ全員が、多くのxの候補の中から切ったリンゴを選ぶことができるという。この結果は、幼児の困難は関係を写像する能力自体にあるのではなく、左辺の対象間の関係がわからない、あるいは大人とは異なった関係を抽出してしまうことを示している[95]。

上記のことからすれば、関係を写像する能力自体はほとんど発達しない。類推課題における発達差は、そこで扱われている関係についての知識の差によるものとなる。つまり、子供でも、aとbの関係が理解できれば、大人同様の類推を行うことができるのだ[96]。

以上は、子供でも類推を行えるというものだった。類推と発達についてそれとは全然別の立場もある。ゲントナーは、そもそも類推とそれに伴う様々なプロセス（比較、構造整列）が発達自体を支えていると主張する[97]。

前章で述べたように、二つのものの比較を行うと、比較対象の持つ様々な特徴の次元が揃えられ、構造整列が行われる。これによって、各々に埋め込まれていた共通の関係、構造がハイライトされるようになる。たとえば、子供（四歳程度）に自転車の絵を見せ、これに適当なラベル（ダックス）を与え、そのものの名前だと伝える。その後に、自転車と形が似ているもの（メガネ）と、形は全く似ていないが同じカテゴリーのもの（スケートボード）を提示し、先ほどのラベルと同じものを選ばせる。すると子供の多くは、形が似ているものを選んでしまう。しかし、はじめに提示する自転車に加えて三輪車も同時に提示し、その後に同じ課題を行う。すると、スケートボードを選ぶ率が高まる[98]。これは比較により、見かけの類似を超えて、人が乗るものであるという関係が発見されたことを示す。そして、関係、構造がハイライトされることにより、それらが抽象化されたスキーマになると考えられる。

さらにこのスキーマが言語と一緒になることで、発達はさらに飛躍するとゲントナーは考えている。つまり、多様な対象に適用可能な関係や構造に、一つのラベル（名前）が当てられることで、あたかもそれが対象であるかのように独立に操作可能になる。チンパンジーを被験体とした実験では、このことが明確に現れている。この動物はふつう四項類推（缶切り：缶＝鍵：？）はできない。しかし、関係についてのラベル（チンパンジーの場合は、木片などのトークン）を学習したチンパンジーは、関係をベースにした見本合わせ課題の解決が可能になるという[99]。

人間の例で考えてみよう。たとえば、A君とB君が争っている。C君とD君も争っている。各々は争っている個人が異なるし、その理由も、帰結も異なっている。しかしこれらの比較を通して「喧嘩」という同じ関係、構造があることが抽出される。そして片方で成立している事柄が、他方でも成立しているはずだという形で、推論結果の写像が行われる。さらに、それに「喧嘩」というラベルが与えられると、喧嘩という事態が個々の個別の状況から切り離され、他の単語や状況と結びつくことが可能になる。たとえば「喧嘩」は犬同士の争いにも転用されるのはもちろんだが、「喧嘩すると先生は怒りますよ」などの文の理解が促進される。そして「喧嘩両成敗」などという、「喧嘩」という関係、「両成敗」という関係同士の関係、つまり高次の関係を理解できるようになる。

このように類推とそこに含まれる比較、構造整列が言語とペアになることで、人の発達は他の種とは決定的に異なってくるというのがゲントナーの主張である。つまり、子供でも類推ができたということではなく、類推こそが（言語と一緒になり）発達を支えているということである。

＊　＊　＊　＊

類推や比喩は、特殊な心的活動であるかのように広く信じられてきた。もし、こうした考え方が成り立つとすれば、類推を知識獲得の「基本」メカニズムとすることはできない。しかしながら、これまで見てきたように、比喩や類推は科学、政治、法律、ビジネスの世界で頻繁に用いられている。またそれは文学的な作品にのみ現れるものではないし、文の装飾という意味しか持たないわけでもなく、人間の日常的な言語活動、認知活動を基本から支えているのである。

もう一つ取り上げたのは、もし類推が知識獲得の基本メカニズムであるとしたならば、それは発達のかなり初期から利用されていなければならないというものであった。これについては、ピアジェらの否定的な見解が主流であったが、認識できる関係が用いられている限り、幼児であっても十分に類推は可能であること、そしてその類推はやみくもに用いられるわけではなく、適切に制御された上で利用されている。さらに発達を基盤から支える心的メカニズムである可能性すらある。

こうしたことからすれば、類推は特殊な心的活動でも、また心的成熟を待って初めて可能になるものでもないことは明らかである。したがって、類推を認知、発達の基本メカニズムとすることは、一見したときに感じるほど非常識な提案ではないと言えるだろう。

注

＊1　類推は類似性のみに基づいているわけではない。これについては第6章で論じる。

＊2　比喩と類推の関係については次節で詳しく論じる。

＊3　比喩研究ではターゲットを被喩辞（topic）、ベースを喩辞（vehicle）と呼ぶことが多い。

＊4　もちろん、関係以外のものも写像可能であるケースもあるだろうが、意味のある類推は関係の写像を抜きには語れないということには、多くの研究者が同意している。なお、この点については5・3節の構造写像理論の箇所で詳しく検討する。

＊5　この戦略の問題点は、類似をどの観点で行うかということである。第3章で見てきたように、類似は観点の取り方によって大きく異なってくる。属性、対象レベルで似ているのか、関係、構造レベルなのかによって、類似度判断は異なることがある。こうした問題の解決については、5・2、5・3節で再度議論することにしたい。

＊6　この節はリチャード・ドーキンスの『盲目の時計職人』［79］に記されたアレックス・ペイリーの用いた類推を少し改変したものである。

＊7　これはソスキース『メタファーと宗教言語』（玉川大学出版局）を参考にした［81］。

＊8　プログラムといっても、多くの場合、プログラム中の重みなどの数値情報である。

＊9　この例文とそこでの比喩については、私の講義の受講生の中島正揮君が彼のレポート中で指摘したものである。

＊10　この類推は、大変に問題が多いので、4・4節で再検討する。

＊11　ただし、こうした判例主義の国においても、ある特定の問題に関する条文を別の類似した問題に類推適用する国はとても少ないそうである［87］。

＊12　現在はグループ貸付は行われていないそうである。

＊13　答えはネオン。原子番号、つまり陽子の数が二倍の関係になっている。

第5章　類推の認知科学的な研究へ向けて

5・1　プロセスとして類推を考える

類推は日常生活の中に溢れており、子供といえどもそれらを理解し、利用することができると述べてきた。だからといって、類推は単純な心理現象では決してない。そこには認知科学的に解明すべきことがいくつも潜んでいる。また、上に述べたことに反して、ある種の類推はきわめて困難であることもよく知られている。

認知科学的に心理現象を分析する際に最も重要なことは、その現象を情報の流れ、プロセスとして捉えるということである。すなわち、与えられた情報を何らかの形で処理し、その結果としてある心理的な反応が出てくる、というように心理現象を捉えるのである。また、通常の場合、処理といっても単一の処理がなされるわけではなく、いくつもの処理が内的に行われている。そして特定の時点では、ある種の処理が集中的に行われ、別の時点では別の処理が行われる場合が多い。このような場合、認知プロセスはさらに小さなサブプロセスの集合体として捉えることができる。これらのサブプロセスにおいて利用される情報、及び処理の特定を行うことにより、心理現象を微視的にかつトータルに理解しようとするのが認知科学の基本的な考え方である。

認知科学において類推が脚光をあびるきっかけを作ったのは、メアリー・ジックとキース・ホリオークらが行った一連の研究である。ここで取り上げられたのは、放射線問題をターゲットとした類推の研究である［100、101］。以下ではこの研究を素材にして類推のプロセスの概略を示し、次節以降で検討すべき課題を抜き出していくことにする。

放射線問題の類推による解決

放射線問題とは次のような問題である。

ここに胃癌の患者がいます。ある事情から患部を切除することができないので、この治療に放射線を使おうと思います。しかし、治療に十分な量の放射線を照射すると、正常な細胞まで破壊してしまいます。また、正常な細胞を破壊しない量の放射線では癌細胞を破壊することはできません。この患者を癌から救うにはどのようにしたらよいでしようか。

この問題についての答えは、正常な細胞を破壊しない弱い放射線を様々な方向から患部でちょうど交わるように照射する、というものである。この問題は自発的な解決がとても困難であることが知られている。

それでは、この問題とよく似たより簡単なストーリーを与えてから、放射線問題を解かせてみたらどうだろうか。つまり、類推によって放射線問題を解決させるわけである。ジックとホリオークはこの可能性を探るために、放射線問題を解く前に次のようなストーリーを参加者（大学生）に与えてみた。

ある国の中心部に砦があり、そこには多数の道が通じています。ある将軍はこの砦を陥落させようとしています。しかし、砦に通じる各々の道には地雷が埋めてあり、多数の兵を一つの道から進入させることはできません。また、砦を陥落させるためには、全兵の力が必要です。そこで、将軍は軍を分割して、小部隊を編成し、各々の道からこの小部隊を砦に突入させ、砦を攻略することに成功しました。

このストーリーは放射線問題とよく似ていると感じられるし、またこの中の将軍のとった戦略（解法）は明らかに、放射線問題にも利用できるものである。だから、類推は簡単に生じるだろうと考えるかもしれない。

ところがこの直感は間違っている。大学生であっても自発的にこの問題を解ける人はとても少なく、五人に一人くらいでしかない。この結果について、はじめのストーリーを忘れてしまったためという解釈は成り立たない。なぜなら、放射線問題はストーリーの読解の直後に与えられているからである。一方、放射線問題を解く時に、「砦のストーリーが役に立ちます」というヒントが与えられれば、参加者の大半がはじめのストーリーを類推的に用いた解を導くことができる。

類推のプロセス

さて、この結果から二つのサブプロセスが存在していることがわかる。ヒントが与えられる前には、ほとんどの参加者は問題を解くことができない。これは、直前に与えられた砦のストーリーが何らかの意味で関連するものとして、意識にのぼってこなかったことを示している。これは長期記憶の中に存在していた砦のストーリーが、ベースとして検索されなかったと解釈することができる。したがって、類推のプロセスにはベースの検索というサブプロセスが存在していることがわかる。

次に、ヒントが与えられた時には砦問題と類似の解法で放射線問題を解いたということは、過去の経験の重要な部分を現在の問題解決において利用したことを示している。これはまさにこの二つの間で写像が行われた証拠となる。ただし、ここではベースの砦ストーリーでの解決がそのままの形で写像されたのではないことに注意すべきである。なぜなら、(当たり前のことだが)放射線治療場面には軍隊も砦も地雷も存在しないからである。ベースの要素をターゲットの要素に置き換えながら写像が行われている。これは置き換えによるコピーである。

以上のことから、類推にはベースの検索と写像の二つのプロセスが存在していることが分かるだろう。この研究だけからははっきりといえないが、さらに理論的な要請として、ターゲットの表象の生成、正当化、学習の三つのサブプロセスが付け加えられることが多い。

ターゲットの表象の生成とは、類推のプロセスの最初に存在するサブプロセスであり、与えられたターゲット問題を読んで理解するプロセスである。放射線問題でいえば、何が目的か、何が初期条件なのか、どのような操作が可能か、やってはいけないことは何かを問題文から汲み取り、問題状況のモデル=問題表象を組み立てるプロセスである。

正当化とは写像の後に来るサブプロセスである。一般に類推の写像は妥当であるという保証がない。したがって、写像の結果が妥当なものであるかどうかを判断する必要が出てくる。また、後述するが、写像は一意に決まるわけではなく、複数の写像が可能な場合も

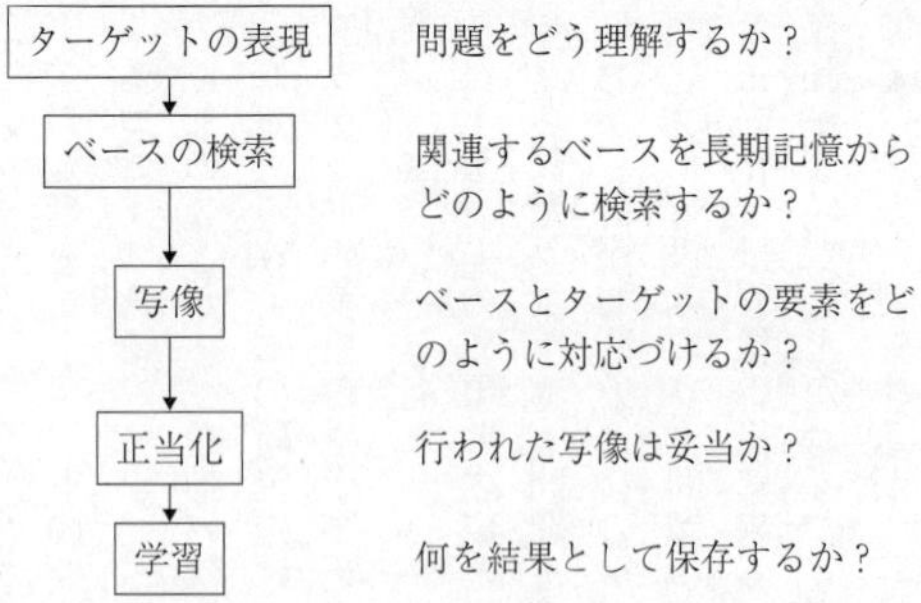
ターゲットの表現
問題をどう理解するか？
ベースの検索
関連するベースを長期記憶からどのように検索するか？
写像
ベースとターゲットの要素をどのように対応づけるか？
正当化
行われた写像は妥当か？
学習
何を結果として保存するか？

図5・1：類推のプロセス

多い。こうした時には、その中のどれがもっとも適当かを判断しなければならない。これが正当化のサブプロセスで行われることである。

類推を行った結果、何らかの新たな認識が生まれ、それが長期記憶に知識として保存される。これが学習のサブプロセスである。もっとも単純には、あるベースxを類推的に用いてあるターゲット問題yを解決することができる、という経験がそのまま知識が保存されることもあるだろう（たとえば、「放射線問題は砦の問題からの類推で解決できる」というような）。また、類推の結果、ベースとターゲットの両方に適用できるような、抽象的な知識、スキーマが生み出されることもあるかもしれない。

したがって、最終的に類推のプロセスは図5・1で表したようなものとなる。ただ、ここで注意しなければならないのは、このプロセスは単線的ではないし、類推はいつでもこれらの全てを必ず含むわけではないことである。たとえば、ベースの検索を行ったが、適当な候補が上がってこないので、ターゲットの表現を変更することも多いであろうし、ある部分のみをあるベースで表現した後、残りの部分についてはは別のベースを検索し、写像を行うというケースもあるかもしれない。また、ある場合には正当化は行われないかもしれないし、学習も生じないかもしれない。したがって、図5・1で示したプロセスは一応の目安くらいに考えるべきだろう。

類推研究の課題

このようにプロセスを詳細に検討していくと、検討すべき問題が明らかになる。

まずベースの検索である。前節で述べたように、我々は長期記憶に膨大な量の経験、知識を貯えている。この中から与えられた問題の解決に利用できるものを探すことは、大変に困難な認知的作業である。特に類推の場合には、全く文脈の異なるベースとターゲットが関連づけられる場合があることを考えれば、単なる連想のような仕組みでは済まなくなる。たとえば、電気回路の類推において、表面上はほとんど何の類似点もない水流システムがベースとして選択されるのはなぜだろうか。我々はどのようなメカニズムで適当と思われるベースを探してくるのだろうか。この問題についての近年の研究を5・2節で紹介することにする。

次に考えなくてはならないのは、写像についてである。類推では、写像すべき事柄はある知識のシステムの中に埋め込まれており自明ではない。たとえば、水の流れについての知識はあるシステムをなしており、写像すべきことはこのシステムの中に埋め込まれている。この中には類推にとって適切な事柄も含まれているが、全く関係のないことも含まれている。このうちのどれを適用すべきかははじめから明らかではない。たとえば、水は沸騰するとか、水素原子と酸素原子から成るなどの事実は、写像されてはいけない事柄である。また、何と何が対応関係にあるのかも明らかではない。たとえば、なぜポンプと導線、水流と電圧ではなく、ポンプと電池、水流と電流が対応すると考えられるのだろうか。ここでは前述したように「関係」、「構造」が大きな役割を果たしているはずだが、ベース中の関係は数多く存在する。その中でどういう種類の関係が写像されるかを説明しなければならない。これについての研究は5・3節で検討することにする。

ターゲット表象の生成、正当化についても検討すべき課題は多いが、これらについては第6章で論じることにする。

これらの課題はどれもきわめて難しい問題を含んでいることを、ルール依存型の思考のモデルと比較しながら強調しておきたい。ルールを用いた推論では、適用すべきルールは、少数の論理学的ルール、あるいはその問題領域のルール群の中にある。一方、類推においては領域をまたぐ場合もあるため、どのようなベースが適切かが予め決まっているわけではない。また、類推においては写像すべき事柄は、ある知識のシステムの中に埋め込まれており自明ではない。ある意味で類推は状況込みの推論ということができる。このシステム、あるいは状況の中には類推にとって適切な事柄も含まれているが、全く関係のないことも数多く含まれている。そしてこのうちのどれを適用すべきかは、はじめから明らかになっているわけではない。

こうしたいくつもの困難を含む問題に対して、認知科学は多くの知見を積み重ねてきた。以下では、類推におけるベースの検索、ベースとターゲットの間の写像に焦点化し、これらに関わる知見を紹介する。

5・2 ベースの検索

三つの類似性

実際に使われている比喩や類推のベースとターゲットは何らかの意味で似ている。したがって、ベースの検索において鍵となるのは「類似」である。つまり、類推においては、現在の問題、何らかの意味で状況と類似した経験（あるいはそこから得られた知識）を長期記憶から引き出してくることが必要となるのである。そこで「何らかの意味で似ている」の「何らか」を明らかにしなければならない。

類推研究においては、第3章で述べた類似性研究の成果を反映して、少なくとも三種類の類似性を区別している。第一の類似性は、対象レベルの類似性（object-level similarity）

である。この類似性は、二つの対象の間の特徴がどれだけ共有されているかによって決まる。たとえば、リンゴとミカンは似ているが、これはリンゴとミカンは果物であったり、食べられたり、丸かったり、大きさが比較的近いなど、多くの特徴を共有しているからである。またいわゆる「そっくりさん」などにおける類似の認識もこのレベルの類似に基づくものと考えられる。一般に表層的類似性と呼ばれるのはこの類似性を指している。

次に関係レベルの類似性（relational similarity）を考えることができる。関係レベルの類似性は、ベースとターゲットに存在する関係の共有度合に基づく類似性である。たとえば、4・2節で挙げた電気回路と水流の類推においては、対象レベルではほとんどなにも共有されるものはない。しかし、この二つの間には、「x（ポンプの出力、電圧）が増加すると、y（水量、電流）も増加する」などの関係が共有されている。この他にも、4・7節で紹介した四項類推における類似の認識は関係レベルの類似性に基づいている。というのも、この類推においては、左辺の二つの項の間の関係が、右辺の二つの項の関係と類似（あるいは一致）していることを利用しているからである。

最後にプラグマティックな類似性というものを考えることができる。これは問題の解法、あるいは目標レベルでの類似性、つまり関係や構造がどのような目的の達成のために用いられたかに基づく類似である。たとえば、「この問題と前に解いたあの問題は「線分の長さの等しいことを証明する問題なので」似ている」という場合の類似性の認識はプラグマティックな類似に基づく認識である。

ベースの検索において、これら三種類の類似性はどのように働き、どの程度の影響を与えるのだろうか。また、これらの類似がすべて一致してあるベースの検索を促す場合もあるかもしれないが、そうでない場合も多いと思われる。そうした場合に、これらがどのように干渉し合うのか、ということも興味深い問題である。以下、三つの類似がベース検索に与える影響を実験データをもとに検討する。

対象レベルの類似性

類推において対象レベルの類似性は意味を持たないという主張がなされることが多い。二つの事柄に含まれている対象が似ているからといって、その類推が妥当であるかどうかは保証されない。たとえば、コンピュータとタイプライターは似ている部分も多いが、だからといってこの二つの間で類推がうまくいくとは限らない。一方、前に挙げた放射線問題と砦のストーリーのように、対象レベルの類似が全くない場合でも類推は可能である。

しかし、ベースの検索といっても、そもそもそれは長期記憶からの検索の一種である。記憶研究の一貫した主張は、長期記憶からの検索は対象レベルの意味的な類似性に基づくというものである。したがって、ベースの検索においても対象レベルの類似性の効果は強く現れることは容易に予測できる。ここで対象レベルの類似とは、単語レベルの関係を指している。単語レベルの関係としては、同義語（独身―未婚）、類義語（果物―果実）、カテゴリー関係（車―トラック）、全体―部分関係（顔―目）、機能的関係（辞書―英文）などが含まれる[102]。

ある実験では、まず参加者に三二個の短いストーリーを読ませ、一週間後に手がかりとしてなんらかの意味で類似している短いストーリーを与えて、何が想起されるかを研究している。手がかりとして与えられたのは、元のストーリーに（1）対象レベル（字面の一致）、（2）関係レベル（あらすじレベルの類似）、（3）中間レベルで類似したものであった。その結果、対象レベルで類似したストーリーが手がかりとして与えられた場合には七八パーセントが元のストーリーを再生できたが、関係レベルの類似ストーリーが手がかりとして与えられた場合には四四パーセントしか再生することができなかった。この結果からわかることは、人間はたとえ類推には使えないようなストーリーでも、それがターゲット問題に対象レベルで類似していれば検索してしまうのである[43]。

関係レベルの類似

確かにベース検索は対象レベルの表層的な類似が強く働く。ただし関係レベルの類似ストーリーでも四四パーセントの再生率であったことを考えれば、関係に基づく検索が全く行われないというわけではない。また前述の研究にはいくつかの問題がある。第一に、この研究で参加者に求められたのは、単に手がかりから連想するストーリーを思い出すことであった。つまり類推を行うというゴールが全く与えられていない。もし類推のために想起を行うという実験であれば違った結果が得られたかもしれない[103]。

第二の問題は、前節の実験状況は、自然な場面でのベースの検索を反映していないということである。日常的な類推の文脈では、手がかりと元のストーリーとの関係は逆の場合の方が多いのではないだろうか。つまりあるターゲットに対して、それらと様々なレベルで類似しているベース（経験、知識）が競合しているのがふつうだろう。

実はある手掛かりに対して対象レベルで類似しているベースと関係レベルで類似しているベースが存在し、それらが対立、競合するような状況では、関係的類似に基づく想起が促進されることが報告されている。この研究では、手がかりとして与えられる文に対して、対象レベルで類似している文と、関係レベルで類似している文が用意された。参加者は二つの文を共に読む競合条件と、どちらか片方しか読まない単独条件のどちらかに割り振られた。その後に手がかり文が与えられ再生が行われた。このような手順で実験を行うと、単独条件では、対象レベル類似文も関係レベル類似文も同程度再生されるが（各々七八パーセント、六一パーセント）、競合条件では、対象レベルの類似文の再生率がほぼ半減するという結果が得られた[104]。

これらの結果は、競合が起こるような、より自然な文脈においては、関係レベルでの類似が対象レベルの類似を凌駕することを示している。はじめに挙げた競合が生じないような状況においては、関係の持つ価値が明白ではないのに対して、競合が生じる状況においては複数のベースが対比され、各々がどのような意味で類似しているかが明白になる。そして、類似が関係レベルで生じている場合には、人は対象レベルの類似の価値を減少させ、関係レベルの類似文を選択的に再生する。これは第3章で述べた、関係情報が顕著な場合には、対象レベルでの類似は割り引かれたり、構想整列を行わせることにより構造に基づく対応づけが可能になったりする類似判断のメカニズムが強く影響した結果と言える。

別の研究ではストーリーの主題的な関係が記憶検索に与える影響を検討している[105]。主題的関係とは「海水浴に行く」、「パーティーに行く」などを指す。この実験では、主題的な関係を共有する二つの長めのストーリーを多数用意し、参加者に読ませた。その後に、その中の一文(ターゲット文)を提示し、それが元の文に存在したか否かを判断させた(つまり再認課題である)。ただしその判断の前に、プライム文を提示する。このプライム文には三つの種類がある。一つ目のプライム文は、ターゲット文が含まれていたストーリーの中の他の文である。二つ目は、ターゲット文と主題関係を共有するもう一方のストーリーに含まれていた文である。三つ目は、主題が異なるストーリーの文である。当然、一つ目のプライム文を事前に提示されれば、ターゲット文の判断は容易になり、再認にかかる時間は短くなるだろう。もし主題関係に基づいて記憶が作り出されるとすれば、二つ目のプライム文でも同じような促進効果が見られるだろう。実験の結果、三つ目の無関係なプライム文に比べて、一つ目、二つ目のプライム文を提示された場合には、再認判断に要する時間が減少した。この結果は、字面の一致だけでなく、ストーリー全体の主題関係に関する情報が記憶中に存在し、それを利用した検索が行われることを示している。

プラグマティックな類似性

3・6節の類似判断のところでも述べたが、問題のゴールは問題解決文脈では特別な重要性を持っている。そこで述べたように、類似判断がゴール情報を取り込むことができるのだから、ベース検索においてもゴール情報の影響は確実に存在するように思える。ただこうしたゴールの情報は、関係、あるいはその総体である構造の情報と深く関係している。よって、この二つを分離して、関係、構造ではない、ゴール関連情報を実験の中に入り込ませることはなかなか困難である。

さて前述したように、ベースの検索は現在の問題と潜在的なベースとの間の類似に基づいて行われている。もし類似性判断自体にゴールなどのプラグマティックな要因を考慮するメカニズムがあれば、検索にプラグマティックな要因が関係することになるはずだ。これについては、第3章の説明的類似性で述べたように、ゴールを与える時とそうでない時では類似度の判断が劇的に変化するという事実が存在する。こうしたことからすれば、べース検索における類似度判断でも同様にプラグマティックな要因が考慮されうることが自然に導かれる。

またダンバーたちは、これまでの研究ではベース文を読む際に、類推を行うという目的が欠如していることを批判し、新しい枠組みの研究を行っている[106]。この研究では、事前にベース文を読む際に、「この文を用いて後で類推をしてもらう」という教示を与えるグループ（実際には類推を行わせることはない）、その文で実際に類推を行わせるグループ、そして単にその文の理解のしやすさを評定させるグループの三つが用意された。そして、一週間後に手がかりとなる文を与えて元の文を再生させた。この時、単に思いついたものを再生させる条件と、主題的に似たものを再生させる条件を設けた。

この結果はきわめて興味深いものであった。文の理解のしやすさを評定したグループの結果はどちらの再生条件でも、関係一致のベース文を再生したのは二〇パーセント程度にとどまった。一方、最初の段階で類推を行わせたグループでは、どちらの再生条件でも、関係一致文の再生率は六〇パーセント以上にもなった。類推を行わせる予告をしたグループの結果は、単に思いついたものを再生させる条件では、関係一致文の再生率は一〇パーセントであったが、主題的に関係するものを再生させる条件では五〇パーセント以上となった。

この実験は、類推を行うという目的、つまりプラグマティックな情報が与えられることにより、ベースの検索が関係レベルに基づいたものになることを示している。またこの実験は、対象レベルの類似がベース検索を支配するという従来の実験結果は、ベースの学習段階、再生の段階での処理が浅いものであったためであることをも示唆する。学習の時点でその後の類推的利用を予測していれば、またなんのために再生するのかという再生の目的が明示されれば、人は適切なベースを検索できるのである。

ベース検索の計算モデル

サガードらは、多重制約充足というアイディアの下で、ベースの検索についてARCS(Analog Retrieval by Constraint Satisfaction)と呼ばれる計算モデルを提案した[102]。モデルの詳細を紹介する前に、認知科学で用いる「制約」という概念について簡単な説明を行うことにしたい。

制約という用語は日常語では、何か束縛するもの、自由を奪うものということであり、ネガティブな意味合いを持つことが多い。しかし認知科学における制約という用語は、ポジティブな意味を持つことがほとんどである[30]。外界には膨大な数の情報が存在している。こうした情報を一つずつ処理していては膨大な時間がかかる。また処理の過程においても様々な処理の可能性がでてきて、それらを一つずつ吟味してどれが妥当かを判断することは不可能である。そこで重要そうな情報や、有望そうな仮説に選択的に注意を向けて処理をした方がよい。このような情報のフィルタリングや仮説の絞り込みを行うものを制約という。この制約によって、重要な事柄に処理を集中させることが可能になる。人の認知を制約を用いた処理として捉えるアプローチは、視覚情報処理［107、108］、言語獲得［44、109］、洞察問題解決［110、111］など様々な領域で盛んに行われてきた。

さて、このモデルは、対象レベル、関係レベル、プラグマティックなレベルの類似性がベースの検索の制約になるという仮定からなっている。つまり、ベースの検索において無限に存在する候補の中から、意味的にも、構造的にも、プラグマティックにも似ているような候補を選び出すという形でベース検索をモデル化している。また、これらの制約は並列的、協調的に働いていることが予想されるので、ARCSは多重制約充足ネットワークという枠組みを採用している。

このモデルにおける処理の最初の段階では、意味的類似性を用いてターゲット関連すると考えられるベースを全て検索する。ここでは意味的に似たような単語を含むベースが全て候補として出される。次にベース、ターゲット各々の構造に合致するように、それらが含む要素の対応仮説を全て作り出す。ここでは構造の制約が働くことになる。つまり対象は対象、関係は関係へと対応づくように仮説が生成される。さらにプラグマティックな制約も働かせるために、これらを満たす仮説に対して強い活性値を送り込む。そしてこうして作り出された仮説のネットワークを動作させ、それぞれの対応仮説の活性値が安定するまで計算を行わせる。そして安定した時に最も高い活性値を持つベースとターゲットの対応仮説をベースの候補とする。

このモデルは、様々な結果を現実的な時間内でほぼ再現できることがわかっている。すなわち、意味的にも構造的にも類似しているようなベースは活性の度合いが高く、構造だけが一致するようなベースは活性の度合いが低くなる。また、ARCSはかなりのスケーラビリティを持つことが明らかにされている。サガードらは、長期記憶中にイソップの物語についてのエピソードを一〇から一〇〇程度まで変化させて、ARCSの収束時間を検討している。この結果、五〇エピソードまでは収束時間がほぼ線形に増加するが、それ以上になるとほぼ一定の時間で収束することが明らかにされている。

5・3 写像

検索されたベースの中のどの要素が現在の問題であるターゲットのどの要素と関係しているかを決定するのが写像のプロセスである。検索されたベースは様々な要素から成っている。もし、これらの要素を全てターゲットと対応関係に置くとすると、無限とまでは言わないが、実際には計算することができないほど大量の組合せができてしまう。そしてそれらの仮説的対応のほとんどは意味をなさないものである。

ラザフォードによる原子の構造と太陽系との間の類推を用いて、これについて考えてみよう。ここでベースとなるのは太陽系であるが、太陽は温度がきわめて高いし、惑星のうち五番目のものはきわめて巨大だったり、三番目の惑星には人が住んでいたり、衛星があったりもする。ベースのこうした要素は原子構造に写像されてはならず、類推にとって重要な要素だけが写像されねばならない。また、仮にベースの中で写像の候補が決まったとしても、それがターゲットの中のどの要素と対応するのかも決めなければならない。

このように類推写像においては、推論の妥当性、計算の効率性の観点から、無限の写像の可能性を減じていく必要がある。認知科学でこの問題に最初に取り組んだのは、この分野のパイオニアの一人であるデドリ・ゲントナーである。以下では彼女の構築した構造写像理論（structure mapping theory）について論じることにしよう。

構造写像理論

構造写像理論は端的に言って、人の類推写像は構造に基づいている、というものである[3]。ここでの「構造」は関係の総体という意味であるが、単に諸々の関係の寄せ集めという意味ではない。そこで、この理論における「構造」を明確にするために、若干の用語説明をまず行うことにする。

この理論においてベースやターゲットは、対象とその属性及び対象間の関係からなるシステムとして表現される。これは5・2節で述べた知識の表現方法と同じものである。ただし、このうち関係についてはもう少し詳しく見ていく必要がある。関係には様々な種類が考えられるが、構造写像理論を理解するには次のような区別が重要である。それは関係の階、次数（order）である。一般に関係は名詞で表現されるような対象（object）を引数とする。こうした関係は一階の関係と呼ばれる。一方、ある種の関係は、他の関係を項としてとる場合がある。こうした関係は高階の関係と呼ばれ、「引き起こす（cause）」や「意味する（imply）」などはその例である。具体例として「太郎が窓を開けたので、風が部屋に入って来た」という記述を考えてみよう（図5・2を参照）。まず「太郎が窓を開ける」という事態は「開ける」という一階の関係によって表現される原因である。また、「風が部屋に入る」という事態は「入る」という一次の関係で表現される結果である。そしてこれら原因と結果は「引き起こす」という高階の関係によって結びつけられ、全体として「太郎が窓を開けたので、風が部屋に入って来

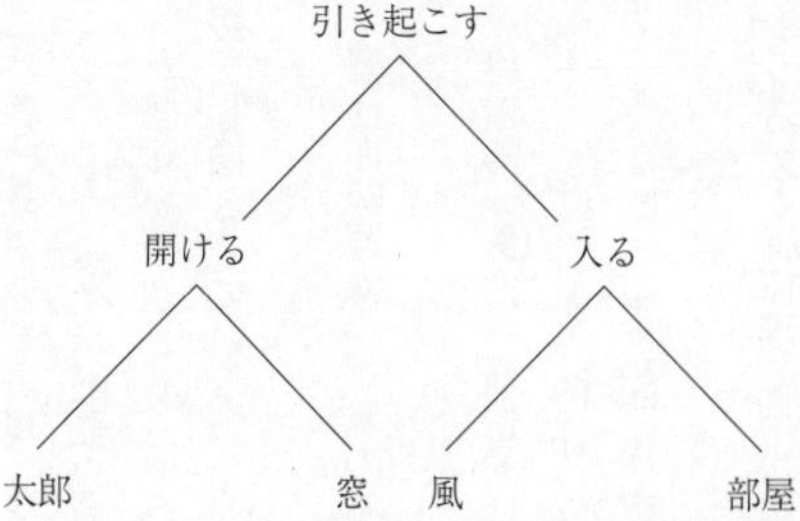

図5・2：「太郎が窓を開けたので、風が部屋に入って来た」という事態の記述
ここでは「引き起こす」という高次の関係が用いられている。

た」という事態を表現している。

このように単に関係が並んでいるのではなく、関係が高階の関係によって相互に結びついた総体を構造と呼んでいる。そして、構造写像理論は次の三つの原理を満たす写像を適切な写像としている。

属性の非写像　対象の属性は写像されない。

構造的一貫性　構造的に整合しているものが一対一に写像される。ベース中のある一つの対象や関係は、ターゲット中の一つの対象、関係にのみ対応する（一対一対応）。また関係が写像されれば、その項も必ず写像される（並列結合性）。

システム性原理　高次の関係が優先的に写像される。また一次の関係の中でも高次の関係の引数であるものが写像される。

これを原子の構造と太陽系の構造との類推を例にとって説明してみよう。ここで、原子の構造はターゲットであり、太陽系はベースとする。まず属性の非写像の制約から、太陽や惑星の色や温度は写像されない。つまり、これによって太陽の持つ「明るい」とか「直径百四十万キロメートル」などの特徴は写像されないことになる。一方、ベースにおける「より熱い（太陽>諸惑星）」、「より重い（太陽>諸惑星）」、「周りを回る（惑星が太陽の周りを回る）」などはすべて写像の候補となる。しかし、ここでシステム性原理が働くとこの中の「より熱い」という関係は写像されず、残りの二つのみが写像されることになる。というのは、「より重い」という関係と「周りを回る」という関係は、因果的な関係にあるからである。言い替えれば、この二つの関係は「引き起こす」という高次の関係の項となっているので、写像されるのである。この写像の結果、原子核は電子よりも十分に重いので、電子は原子核の周りを回るという有益な推論を導くことができるわけである。また構造的一貫性によって、太陽は原子核以外のいかなるものとも対応関係には置かれない。

構造写像理論に従えば、写像されるのは「ベースとターゲットが共有する最大の構造」となる。つまり、類推は個別の対象の類似に基づいているのではなく、構造=関係のシステムにおける類似、一致に基づいているということになる。写像が構造にもとづくという定式化により、類推の過程で生じる不要な仮説を大幅に削減することができる。もう一つの重要な点は、構造は主観的なものでも、また内容に依存したものでもなく、関係の次数（階）という統語的、形式的な性質によって決定されるということである。極端な言い方をすれば、対象の構造の記述さえできてしまえば、それが実際に何を表現しているかということは無視しても写像を行えるということになる。[*1]

ゲントナーの構造写像理論は写像の計算理論レベルの定式化といえるだろう。彼女の理論以前の類推研究は記述レベルの心理学研究や、デモンストレーション的なAI研究、課題に固有な処理メカニズムの提案などに終始していた。しかし、これらの研究においては、類推一般において行うべきこと、類推とはいかなる心的な活動かについては、直観的なレベルの定義に留まっていたと言えるだろう。この意味において構造写像理論は認知科学的な類推研究の出発点となっている。

ゲントナーたちのグループは、一連の研究でこの理論に対する実証的な証拠を数多く挙げている。前節で述べたようにベースの検索においては、対象レベルの類似性が強く働く。しかし想起されたことが類推のベースとして機能するかを判定させると、対象レベルでのみ類似したものの評定値は、関係レベルで類似したものに比べてはるかに低いものとなる。つまり、いかに対象レベルで類似していようと、類推のベースとして使えない場合があること、そして類推においては関係、構造の一致が最も重要であることを人は認識しているのだ[43]。

またシステム性原理に従えば、写像の候補が複数ある場合には、共通する高次の関係に支配されているものが優先的に選択されることを予測する。これの検証を行った実験では、二つの因果関係が含まれるストーリーがベースとして用いられた。そしてターゲットとなるストーリーには、ベースのストーリーの因果関係のうちの片方が含まれていた。一つの参加者グループは、ベースのストーリーだけを読み、そこに含まれる二つの関係のどちらが重要かを問われる。もう一つの参加者グループは両方のストーリーを読んだ後に同じことが質問される。するとはじめのグループでは二つの因果関係は同等に重要とされるのに対して、後のグループではターゲットと共通する因果関係の方が重要である判断される。これは、人がいわゆる重要なことと、類推において重要なことを区別していること、そして何より共通の因果関係が重要と見なすことを示している[112]。

これらに加えて、ゲントナーたちは、科学史上の類推(錬金術、カルノーサイクルなど)も構造写像理論の立場から説明を加えている[113]。また構造写像理論を計算機モデルとして表現した構造写像エンジン(SME)というシステムも開発している。これは大雑把に三つの段階からなる。最初はベースとターゲットの同じレベルにあるもの同士(関係は関係、対象は対象)間にほぼ総当り的に対応を作り出す。むろんここから生み出される膨大な数の対応のほとんどは意味をなさない。第二段階では、構造的一貫性の原理を用いて(一対一対応、並列結合性)、一貫性を持つような対応のみが選択される(これをカーネル、あるいはGmapと言う)。第三段階では、システム性原理を用いて、カーネル同士を結合し、最大の共有構造を作り出す。これが複数ある時には、どれが最も深くて大きな構造を持つか評価したりもする。そしてベース内には存在するが、ターゲットには存在しない要素を投射する。こうしたシステムで、それまでに行われた実験などに基づいたシミユレーションを行うと、人の行動から得られたデータとある程度一致した結果が得られる[114]。

写像に影響を与える構造以外の要因

構造写像理論が指摘するように、写像において構造が果たす役割はきわめて重要である。特に正当な結果を導く類推がベースとターゲットの構造を無視して行われるとは考えにくい。しかし、人が行う類推においてはその他の要因、たとえば対象レベルの類似やプラグマティックな要因も関与しているという報告がある。

語彙レベルの意味の類似性はなんら類推の妥当性を保証するものではない。しかし現実世界では一般に意味レベルの類似も一定の役割を果たすと考えられる。関係、構造上のある役割を果たす対象は、特定の性質（属性）を有している必要があるからである。「踏む」という関係について、つまり「何かが何かを踏む」ことについて考えてみよう。この時、踏む側の変数に割り当てられるのは通常生き物でなければならない。つまり生き物という特徴を有している必要がある。また踏まれる側も同様であり、それは踏む側よりもサイズが小さい必要がある。別の言い方をすれば、サイズという属性がこの変数に束縛される条件となる。心理学実験では意味レベルと関係レベルを敢えて分離し、両者の影響を個別に測定しようとするが、日常的にはこれらはいつでも分離されているわけではなく、共変関係にあることが多い。こうしたことからすれば、人間の類推が意味的類似性に基づいていることを全く非合理なこととは言い切れないだろう[115]。

またプラグマティックな要因が写像に与える影響についての研究も行われている。この研究では、構造的な要因だけからは対応関係が不明確な二つのストーリーを与え、今後の展開についての予測をさせる。その際、ベースとなる方のストーリーの登場人物に二つの異なる目標を用意し、参加者にその情報の片方を伝えた。すると、伝えられた目標の違いに応じて、ターゲットのストーリーの展開、および人物の対応関係が変化した[62]。

これら構造以外の要因も取り込んだ類推の理論を構築したのはホリオークとサガードたちのグループである。彼らは、類推写像における、対象レベル、構造レベルの類似、プラグマティックな類似を制約として取り込んだ多重制約理論を提案している。この理論で大事なのは、構造だけが独占的に写像を支配するのではなく、対象の意味レベルの類似や、目標に関わるプラグマティックな情報を加味しながら、写像の候補を決めていくという点である[4]。彼らはこうした考えのもとに、検索のモデルであるARCS同様、コンピュータモデルACME（Analogical Constraint Mapping Engine）を開発し、シミュレーションを行い、彼らの仮説を検証している。

ゲントナーの構造写像理論は、いわば類推の規範理論を目指したものと考えることができる。つまり、妥当な類推が満たさなければならない条件を明らかにしようとしたものである。しかし実際の人間の類推には、構造写像理論が仮定する以外の要因も働いている。ＡＣＭＥを用いたシミュレーション実験では、こうした要因をも含めることにより、人間の類推についてのよりよい近似を生み出すことができた。

ただし、一般に神経回路を模したネットワークのモデル化においては、ネットワーク構造の設計が本質的な重要性を持つ。ＡＣＭＥにおける興奮性、抑制性リンクの張り方は基本的に構造写像理論の提案をそのまま取り込んだものである。したがって、ＡＣＭＥは構造写像理論を覆すものではなく、拡張に相当するものと言えよう。

5・4　既存の理論の問題点

これまで述べてきたように、類推の研究は飛躍的に発展してきた。記述的、デモンストレーション的な研究から、計算論的な定式化が行われ、それに基づいて詳細な実験的研究や計算機モデルが提案され、そしてそのモデルの妥当性を確かめるためのさらなる実験が行われ、モデルが改善されてきている。

その一方、これらの研究成果を追う中でいくつかの問題点も浮かび上ってきた。以下では、構造の可変性、ベースの存在、類推の妥当性の三つに焦点を絞り、これまでの研究を批判的に捉え直そうと思う。

構造は可変だ

第一の問題は、ベースの検索、写像における構造の扱い方についてである。確かに単に字面が似ているということは類推を全く保証しないし、構造が主要な役割を果たすこと、またそれ抜きにはまともな類推は成立しないことは事実である。

さて構造写像理論でも、また多重制約理論でも、ベースの構造は初めから決められている。何が高階の因果関係であり、一階の関係のどれが高階の関係の項であるかは、ベースが与えられた時点で、すでに固定されてしまっている。しかし、構造はそのようにあらかじめ決められているものなのだろうか。たとえば、ゲントナーの挙げた太陽系と原子のアナロジーでは、太陽と惑星の重さの関係（より重い〈太陽、惑星〉）は高階の構造に含まれているが、それらの間の温度の差（より高温〈太陽、惑星〉）は孤立した関係とされている。しかし、温度の関係はいかなる場合でも、因果関係には含まれないのだろうか。そんなことはないだろう。惑星の気候、温度が問題となる時に、この温度の差の関係がいかなる因果関係にも含まれないと考えることは困難だからである。

こうした反論について、ゲントナーは「共有される構造の中で最大で、かつ最も深いものが選択される」という再反論を行っている[118]。構造はあらかじめ決められているのではなく、あくまで比較の過程で生み出されるとする考え方である。こうした考え方は、

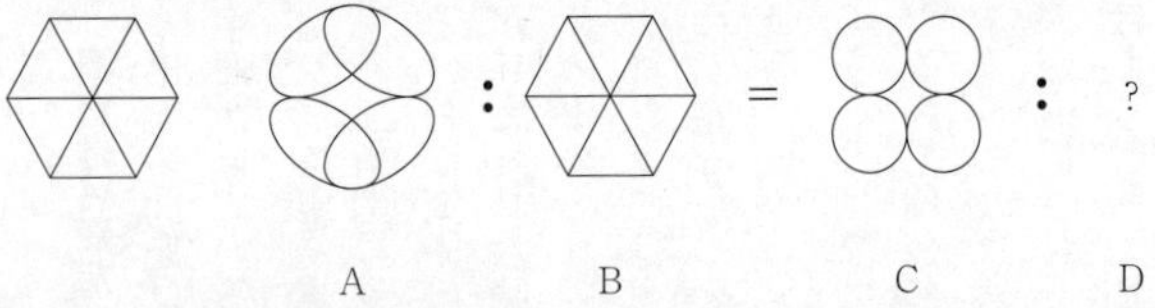

図５・３：左の図形を単独で見たときには考えつかない特徴が、右の図形の中の対比を通して生み出される。

3・4節で見た、類似判断の柔軟性から考えると妥当なように思える。

しかしながら類推を行うときに、ターゲットの構造や関係がわからない場合も相当に多い。もしゲントナーの主張するように、ターゲットの構造が既知であるならば、そもそも類推を行う必要がなくなってしまう。このように構造を固定するような枠組みでは、類推を行う理由を適切に解明することは難しい。

そもそも構造を作り出す特徴、関係自体も比較の過程で生み出される。これについては3・4節でも述べたが、ここではピン・インドゥルキヤの面白い思考実験を紹介してみたい。図5・3の左端の図形をまず見て特徴を考えてみてほしい。次に、右に三つ並んだ図形をみて、Dの位置にどんな図形が来るかを考えてみる（四項類推である）。すると、単独で左の図形を見たときには、（おそらく）考えつかなかったような特徴、つまり四つの平行四辺形が見えてくるのではないだろうか。このように、比較されるものの存在により、異なる特徴がその場その場で生成されることもある。インドゥルキヤは、こうした相互作用的に生成される特徴、構造が、類推や比喩の根幹にあることをきわめて多数の事例を挙げて論じている[119]。

類推における構造は、構造写像理論や多重制約理論で仮定されるように、事前に固定したものとして与えられているわけではない。類推を行う場面にある多様な情報と相互作用しながら、その場で作り出されている。これが類推の持つパワーであると言える。人の行う類推は結果としてみれば、構造に基づいたものとなっている。そして、結果として生み出された類推の構造をモデルに組み込めば、構造写像理論や多重制約理論の予測通りのものとなるだろう。しかし、これらの理論は、構造を作り出すというプロセスをスキップしたものとなっているのである。同様の批判は、ダグラス・ホフスタッターたちのグループも行っているが、これについては付録6節で詳述しているので、興味のある方はご覧になってほしい。

ベースは事前にあるのか

より大きな問題は、ベースの存在に関わるものである。類推の中には、事前にはベースが存在していない(と思われる)場合がある。これまでになんども取り上げてきた、電気回路と水流のシステムについて考えてみよう。わたしは以前、小学生レベルの電気回路の動作に関わる実験を行ったことがある。電池を直列につなぐと一つだけの場合に比べて豆電球は明るくなるか、暗くなるか、それとも同じかなどの、きわめて初歩的な問題についての回答とその理由を分析するというものであった。大学生が参加者であったが、おそろしく正解率が低いので驚いたのだが、その話はここではしない。さて、こうした問題についての回答の理由を聞くと、ほとんどの参加者が水などの液体が押し出されるというような類推に基づく説明を自発的に行う。

しかし、よく考えてみると、この説明は類推の基本図式からするとおかしなことになる。というのは、ベースとして用いられた水流のシステムは、参加者の過去の体験の中にはありそうもないからである。複数台のポンプがついた閉回路の中を水が流れるのを見たことがある人はいるのだろうか。さらにこの回路が二股に分かれ、一方は細くなるなどの複雑な水流を見たことがある人はほぼいないだろう。ということは、豊かな経験から生み出されたベースというのは存在しないことになる。

この研究ではさらに不思議な現象(と言っても従来の枠組みから考えればという話だが)も見られた。それは、ニクロム線の発熱に関わる問題が与えられた時の参加者の説明である。このタイプの問題に対しては、ほとんどの大学生が粒状のものが導線内を流れるという説明を行っていた。「ニクロム線は粒が通りにくいので、粒同士がぶつかり、より発熱する」などである。つまり、ここではベースが水の流れから、粒の流れに置き換わっている。むろんその理由は簡単で、水が流れて熱が出るということがイメージしにくいからだろう。

ただ、これが理論的な観点からして不思議なのは、ベースの変更が起きているにもかかわらず、それが何の苦労もなく、きわめて迅速に行われているということである。ベースを変更するとは、膨大な長期記憶中の知識構造から、当該の課題に適したものを、構造、意味、プラグマティックな制約に基づいて検索することを意味する。従来の理論からすれば、これはとてもコストのかかるプロセスであり、瞬時に行われるとは考えにくい。しかし、参加者たちは何ら滞ることなく、ベースの変更、そして新たな写像を行い、(多くの場合間違ってはいたが) 説明を生み出していたのである。むろん、この粒の流れというベースも、水流以上に参加者が実際に経験したものではないことは確実だろう。閉回路の中を粒が流れる様など、水以上にありえないからだ。

つまり、ここではベース自体がその場で作り出されていると考えるほかはないだろう。ターゲットとなる事象を理解する、説明するために、その時点で明らかなターゲットの構成要素と関連するいくつかの知識を検索し、それらが矛盾なく繋がるようにして、仮想的なベースを作り出しているのである。そして、それらはあたかも以前から存在し、慣れ親しんだ経験であるかのように、自在に類推のベースとして働いているのである。

とても不思議なことのように思えるが、こうしたことはよくある。二〇一八年の朝日新聞の天声人語に次のようなたとえ話が載っていた。

街に一軒しかない蕎麦屋がある。蕎麦屋の前には、蕎麦を食べたい人がいつでも行列を作っている。その蕎麦屋にはいつでもほとんど客が入っていないのだが、空いている席には予約の札が置かれている。客が抗議して店に入れろというと、そのためには新たな支店を出す必要があるので、その費用を払えと蕎麦屋は言う。

これは、送電線の利用率がとても低いにもかかわらず、新規参入の電力会社の利用を拒む東京電力の姿勢を批判するために作られたお話である。こうした類推を聞くと、既存の電力会社の、不可解と言うよりは、横暴で傲慢な態度が露わになる。これは蕎麦屋をベースにした類推だが、こんな蕎麦屋はむろん存在していない。この作者がその場で作り上げたものである。同様の話は、4・4節で述べたサールの中国語の部屋などにも共通している。しかし、どんな人であっても完璧な中国語解析の書類がある部屋に閉じ込められた経験はない。しかし、サールの比喩は、多くの人に、コンピュータによる言語解析が不可能であるように思わせる説得力がある。

これらのベースの新規生成は、新聞記者とか、哲学者にしかできないと言うわけではない。実際、私たちが類推のベースを作り出すことは随分と上手にできる。このことは実験的にも明らかにされている。イザベル・ブランシェットとケヴィン・ダンバーが行った実験では、政治・経済的な問題（国家レベルの債務累積について、緊縮財政政策をとることの可否）についての文章を与え、そこから類推的にストーリーを作成するという課題が用いられた。すると、生み出された類推の多くは関係、構造レベルから見て妥当な類推となっていた。驚くべきは、その生成されたストーリーのバラエティである。元のストーリーと表面的に類似しているもの（別の政治・経済のストーリー、個人レベルでの借金、債務をベースにしたストーリー）は全体の二割程度に過ぎず、他は酪農、投薬、天文など、元のストーリーとの類似が考えにくいものであった。

こうしたことから、ブランシェットとダンバーは受け入れ型類推と生成型類推を区別すべきだという。これまでの研究で主に取り上げられてきたのは、事前にベースが与えられ、それを利用する受け入れ型類推である。一方、彼らが行ったのは、参加者自らが類推を作り出す生成型類推である。そして人は前者の類推を行うことは苦手だが、後者の類推は自在に行えるとしている[120]。

これらの事実は、ベース生成に関与する知識、そのメカニズムの検討を要請する。これについては6・4節で詳しく検討する。

類推は切り貼りなのか

上で述べてきたように、多重制約理論においても、また構造写像理論においても、ベースは経験を直接的に記号的表現に翻訳したものである。そして、ベースの検索は主に表層的類似に基づき、写像においては規則上許されるすべての対応を作り出し、その後に他の制約を用いて不要な対応仮説を削減していくという形で類推が行われると仮定している。

このような類推は「切り貼り型類推」と呼ぶことができるだろう。つまり、検索されたベースの中の主要なポイントが明らかになっていないため、その経験全体をモデルとして扱わざるを得ない。その結果として、現在の問題との間に膨大な数の対応仮説が生じてしまう。これらの仮説に様々な制約のふるいをかけて、特定の仮説を選択するのだが、その結果生み出される類推は、単に過去経験を切り貼りしただけのものではないだろうか[121]。

確かに、こうした類推は観察されることがある。初等物理の学習過程を追った、ミシュリン・チィらの研究を見てみよう。この研究では、公式、例題、練習問題を含むテキストが与えられ、心理学の実験では珍しいほど長期間に渡って学習が行われた。この研究の参加者の一部は、公式、例題の学習後に練習問題が与えられると、関連する例題を頻繁に参照し、また時間をかけて読み直していた。一見、こうした学習者は「まじめ」で「優秀な」学習者であるかのように思うが、実は彼らは最終的な成績のレベルが低いのである[122]。

これらの学習者は、まさに切り貼り型類推を行っていると考えられる。すなわち、公式、例題の中での学習が十分でないため、関連する経験とのつながりがほとんど作られない。

したがって、練習問題においては、それと表層的に類似する例題＝ベースを検索する。さらに、そのベースにおいて本質的な部分が理解できていないため、すべてを読み返し、あれこれと対応仮説を作り出す。このため、結果として最終課題の成績は低いものとなる。以上のことからすると、多重制約理論や構造写像理論はこうした学生の用いる類推を正しくモデル化していると考えることもできる。

しかしながら、我々は、確信のない、どうにもならない状況で、やぶれかぶれに用いる方略としてのみ類推を行うわけではない。４・３節で述べたように、我々が日常言語の中で、自然にまた無意識のうちに用いる比喩が、表層的類似に基づくベースの検索と、そこから生じる膨大な写像仮説の削減というプロセスを経て作られているとは到底考えられない。４・７節で考察した子供の類推を見ても、それらは当てはめ類推と考えることはできない。無意味な写像仮説の大量生成は、ベース、ターゲットの要素をもれなく対応づける能力が必要とされるはずであるが、これは少なくとも実験に参加した年齢の子供の能力をはるかに越えているからである。彼らのベース検索、写像はやみくもなものではないし、主要な関係が明白であり、問題となる事柄が予め理解されている。したがって、検索は方向づけられたものとなっており、写像もまた選択的になされている。

このように我々が少なくとも主観的には確信を持って行う類推と、従来の理論の描く類推は著しく異なっており、これらを同一のプロセスの所産と考えることには無理がある。

注

＊1 何が構造となるかは記述の仕方に依存する。これに関連する問題は、第6章で詳しく論じる。

第6章　準抽象化に基づく類推

第4章では、類推が人間の生活の様々な場面に関与していることを示した。第5章では類推がいかなるプロセスであるのか、それについてどのような認知科学的な知見が積み重ねられてきたのかを述べた。そして最後に、これまでの理論的な枠組みが持つ、ある意味で致命的な三つの問題を取り上げた。

本章では、これらの問題を克服するために理論的な考察を行い、類推の新しい理論を作り出すことを目指そうと思う。そしてこの理論をサポートする証拠を、学習、発見、比喩の分野で行われた諸研究から提出する。最後に、この理論が、これまでの他の理論と何を共有し、何が独自なのかを論じる。

6・1　類推はなぜ可能か：カテゴリー化による同一化

類推と同一性

類推はターゲットと類似したベースの持つ要素を、ターゲットに写像する認知活動である。これによって、解決できなかった問題を解決できたり、理解できなかった現象を理解できたり、うまく説明できなかった事柄が説明できるようになる。なぜ、こうした写像が可能になるのだろうか。

一般的に、ある事柄で成立していることが、他の事柄でも成立している可能性は低い。たとえば、電気回路を考える際に、写像が不適切なベースはそれが可能なベースよりもずっと多い。我々は電気回路の振舞いを考える際に、稲作、図書館、カメラ、運動会などを考えることはないし、また実際にそれらを用いて類推を行うことは困難であり、有益な推論を導くことはできないだろう。にもかかわらず、類推においては写像が可能になっているのはなぜなのだろうか。

実はこの問題はヒュームの取り上げた、有名な「帰納の問題」と同じである。ヒュームは次のような形でこれを述べている[123]。

私が以前に食べた例のパンは、私を養った。すなわちそのような感覚（感受）的性質を持つ物体が、その時点においてそのような秘密の力を付与されていたのである。しかしここから、他のパンもまた他の時点において私を養うはずであり、また同様な感覚（感受）的性質は、同様な秘密の力に常に伴われているに違いないということが導かれるであろうか。こうした帰結は決して必然的ではないように思われる。

（中略）

すなわち「私は、こうした対象が常にあのような結果に伴われていたと見出してきた」という命題と、「私は、外見において前者に似ている他の対象が似ている結果に伴われるであろうと予測する」という命題は、同一であるはずがない。（ヒューム『人間知性研究』斎藤繁雄・一ノ瀬正樹訳、法政大学出版局、三一頁）

科学と類推の関係を論じたメアリー・ヘッセは、この問題を「アナロジーの論理的問題（logical problem of analogy）」と呼び[124]、人工知能研究の第一人者であるスチュアート・ラッセルは「アナロジーの正当化（justification of analogy）」問題と呼んでいる[125]。この問題は形式的には、

$$P(B), P(T), Q(B) \rightarrow Q(T)$$

と表現することができる。つまり、ある事柄Pがベースとターゲットに成り立っていることがわかっており、かつベースにQが成り立っている時に、ターゲットにおいてもQが成り立つための条件を明らかにするのがこの問題を解決することである。

では、どのような条件下で置き換えが可能なのだろうか。ここではまず最も極端なケースから考えてみることにする。もしヒュームが、自分が先ほど少しだけ食べたパンをもう一度食べるという場合を考えてみる。この場合は、そのパンはやはり私をまた「養って」くれるだろう。どうして、このパンはまたそうしてくれるのだろうか。その理由は、先ほどのパンと今のパンは同一だからである。このことは、二つの対象が同一であれば写像が可能となることを示している。

ライプニッツは、同一性の考察において、同一者代入可能原理を取り上げている。同一者代入可能原理とは、xとyが同一であればxに適用可能な述語（性質）はすべてyにも適用可能であるというものである。上の例で言えば、同一のパンなのだから、先ほど「養ってくれた」のであれば、今も「養ってくれる」と言えるのだ。

確かに、このパンの例は、写像の条件として同一性が必要であることを示している。しかし、これは類推における写像とは言えない。前述したように、類推写像は、二つの異なるシステムの間で行われるものだからである。そもそもベースとターゲットはいろいろな意味で異なっている。これらは、確かに共通する要素も持っているが、各々に固有な対象、属性、関係を含んだ固有のシステムとなっている。従って、パンの例で見られた同一性を類推に「直接的」に応用することはできない。

カテゴリー化に基づく同一性

そこで、同一性を類推に持ち込むためには、そもそも異なったものを、少なくとも主観的には同一にする心的なメカニズムが必要になることが導かれる。厳密な意味では、異なるものを同一にすることはできない。しかし、実は人間は異なるものを同一視するためのきわめて洗練された認知メカニズムを持っており、それを日常的に用いている。それはカテゴリー化である。2・2節で述べたように、カテゴリー化とは対象をあるカテゴリーのメンバーとして認識することを指す。この過程においては、本質的な部分での一致が抽出される一方で、非本質的な部分についての情報は捨象される。

たとえば、ある猫xと別の猫yは異なる猫であるから様々な点で異なっているが、猫であるという観点からすれば同一視できる。つまり、ここでは各々の猫が、猫というカテゴリーの事例であることが認識され、その結果これら二匹が同一化される。これによって、片方の猫で観察されたことが、もう片方の猫に適用可能になる。また「猫が二匹」というように数えることも可能になる。こうした認識は我々の生活の中で日常的に生じており、これなしではおそらくどんな思考も成り立たない。

このようにカテゴリー化によって、二つの異なるものがそのカテゴリーの観点から同一化できるわけである。これをヒュームの例で言えば、目の前のものをパンとカテゴリー化することで、それは今回もまた「養ってくれる」ことが期待できるわけである。むろん、最初のパンと今のパンは、いろいろな意味で異なっている。若干形が違うとか、焼き加減や保存期間の違いにより水分含有量が違うなどである。しかし、パンである限りは、私たちに栄養を与え、「養う」ものであることが期待できる。

これまでの考察をまとめると、次のようになる。二つのものの間で置き換え、写像が可能になるためには、その間に同一性があればよい。しかし、類推におけるベースとターゲットは厳密な意味での同一性は満たさない。一方、ベースとターゲットがカテゴリー化の働きにより、あるカテゴリーのメンバーと見なされれば、これらはそのカテゴリーから見て同一であるということができる。したがって、写像のための条件は、

1 ベースとターゲットを包摂するカテゴリーが存在すること[*1]
2 それらがそのカテゴリーのメンバーであることが認識されること

となる。

抽象化を媒介とした類推の三項図式

以上の考察は、類推の基本図式の変更を要請する。前章で述べたように、類推はベースとターゲットの間の写像であると言われてきた。ここでは、類推はこれらの間の二項関係として捉えられてきたといえよう。しかし、以上の議論からすると、類推はベースとターゲットとその二つを包摂するカテゴリーとの間の三項関係として捉えなければならないことがわかる。

これによってベースとターゲットはそのカテゴリーの事例という意味において同一であることが保証され、ターゲットをベースで置き換えて思考することが可能になる。ただし、カテゴリーと言うと、既に存在している自然種や人工物などの分類学的カテゴリーを指すために用いられることが多いので、以下では抽象化（abstraction）という中立的な用語を用いることにする。ここでの抽象化は、「抽象する」という行為的な意味合いはなく、「抽象されたもの」という意味である。[*2]

重要なことは、抽象化（カテゴリー）は意味の貯蔵庫であるという事実である。たとえば、ある対象が動物という抽象化に属することがわかれば、その対象の様々な性質――自律的に運動する、呼吸を行う、死ぬ等々――が明らかになる。これらはすべてその対象の意味となる。我々が何の抽象化にも属さない事物を考えることができないのは、そのものの意味を知ることができないからである。このことからすれば、同一化のために抽象化を導入することにより、同時にターゲットの意味も与えられるということになる。

抽象化の利用可能性

さて、そこで問題となるのは、以上述べてきたような抽象化を実際に人間が用いているのか、ということである。第1章で繰り返し述べてきたように、抽象的なことはわかりにくいし、覚えてもなかなか使えないケースが多い。問題解決研究、教授心理学的研究が明らかにしてきたことは、抽象的なルールを単に教示すること、および単にそれを知っていることは、転移にとって有効ではないということである。

まず検索においての困難から考えてみよう。1・6節で述べたように、もし経験が抽象的な形で保存されていたとすると、そこに含まれる情報は、問題場面での情報と直接的な対応が取れなくなる。こうした抽象化が利用されるためには、与えられた問題自体も抽象化と同レベルの抽象度で表象されなければならない。問題の抽象化の仕方についての制約が明確でない場合には、レベルを一致させて抽象化を行うことは困難な作業となる。というのも、一般に問題の中には抽象化の対象とならないような情報が数多く含まれているし、また抽象化の水準も複数考えられるからである。

写像においてもいくつもの困難が待ち受けているが、1・6節で見たように、その多くは変数の選択、解釈に関わる困難である。抽象化の中の全てが変数とは限らないため、何を変数とするかを解決者は決めなければならない。また抽象化の中の変数がどのように解釈されるかも問題となる。抽象化の使用にあたっては、そこで表現されている事柄のどれが今の状況の何に対応するのかを決定しなければならない。抽象度の低い知識（たとえば事例、例題の記憶）であれば、その中の事柄に現実の場面との直接的な対応をとるための情報が含まれている可能性が高い。たとえば同じ名前のものが出てくるとか、同じ色をしているなどである。しかし、抽象的な記述になればこうした情報は存在しなくなり、現実に与えられている情報との対応をとるために、いくつもの推論プロセスが必要になる。

6・2 準抽象化

ベースとターゲットの同一性についての理論的な分析から、類推には抽象化が介在していることが導かれた。一方、前節での議論からすると、抽象化の利用には、検索、変数の解釈などの困難があることは明らかである。そこでまず最初に抽象化とは何かということ自体について考え、それとの対比の上で人間の用いる抽象化の性質を特定し、この問題を解決する可能性を検討することにする。

目標に基づく抽象化

非常に操作的な言い方をすれば、抽象化とは具体事例の持つ特徴を一つ以上取り去ったもの（あるいは変数化したもの）であるといえる。2・2節で取り上げたような古典的な概念学習の実験でよく用いられた人工概念を例にとってみよう。たとえば、そこで用いられる刺激が色、形、およびそれが置かれている位置（右、左）の三次元からなっていたとする。そこである抽象化に属する対象aは赤くて、四角くて、左に置かれているとする。ここから、形についての情報を取り除くと、「赤くて、左に置かれているもの」という抽象化ができ上がる。また、そこからさらに位置情報を取り除けば、「赤いもの」という抽象化ができ上がる。ここで注意すべき点は、これらの人工概念においては、特徴を取り去ることに何の制約もなく、原則的にはどんな特徴でも取り去ることができるという点である。

一方、人間の用いる抽象化、概念、カテゴリーは人工概念とは異なり、こうしたことは成り立たない。特徴をランダムに抜きとってしまうと、現実には存在しない抽象化ができ上がってしまうケースもあるし、確かにそれに該当する事物はあるが、全く意味を持たない抽象化ができ上がってしまうケースもある。意味を持たないというのは、特徴の除去、変数化を行っても、それによって新たなメンバーが含まれないということである。たとえばリンゴから味を除去してみよう。このようにしてでき上がる抽象化は、元のリンゴとな

ん ら変わりないものとなる。なぜならば、苦いリンゴ、塩辛いリンゴというものはないからである。

したがって、人間が生成した抽象化には特徴の構成について何らかの制約があると考えざるを得ない。本書で論じている抽象化は、問題解決、学習、説明、理解において用いられるものである。これらに共通しているのは、目標に向けた活動であるという点である。とすると、抽象化における特徴の構成の制約には目標が関係している可能性がある。人間は、自らの活動の目的にとって同じ意味を持つものを抽象化し、それを用いて様々な認知活動を行っているとは考えられないだろうか。

では、人間には目標に基づいた抽象化を生成する能力があるのだろうか。2・2節で見たように、古典的な概念研究では主に知覚的な特徴をベースにした概念形成が扱われてきた。しかし、ラリー・バーサローは一連の研究の中で、人間は知覚ベースではなく、目標に基づいたカテゴリーをも生成していることを明らかにしてきた。たとえば、「火事の時に持ち出すもの」、「ダイエット中に食べてはいけないもの（あるいは食べるべきもの）」、「休暇旅行の時にスーツケースにつめるもの」などは目標に基づいたカテゴリーの例である。このような目標が与えられることにより、知覚的には全く類似していない様々な対象（子供、預金通帳、宝石類等々）が一まとめにされる［126、127］。

むろん、これらはある特定の文脈が与えられた時に、人がある基準にしたがって該当事例をリストアップしただけであって、通常のカテゴリーとは異なるという反論もあり得る。しかし、通常のカテゴリーで観察され、カテゴリー構造の根幹をなすとされるグレード構造が、目標導出型のカテゴリーにおいても存在することが明らかにされている。つまり、目標導出型のカテゴリーにおいても、典型的な事例を中心によい事例から、ほどほどによい事例、そして境界事例までが連続的に並んでいるのである。また、通常のカテゴリーでは、事例の典型性はそれが観察される頻度に関係していることが明らかにされているが、同様のことがゴール導出型のカテゴリーについても成り立つ[128]。

また、村山功は、上記の研究や発達研究[129]を引きながら、「活動」という観点から目標とカテゴリーの関係について論じている。彼は武器というカテゴリーを例に挙げて、活動の重要性を指摘している。一般にカテゴリーは知覚的な類似に基づいて形成されると信じられているが、武器の個々の事例は到底知覚的に類似しているとはいえない。ピストル、剣、爆弾、こん棒、弓矢などは形状が似ているとは思えない。にもかかわらず、これらが同一のカテゴリーに含まれるのは、これらがすべて「人を殺傷する」という活動に関与しているからであると村山は述べている[34]。ここでもまた知覚的な類似性ではなく、活動の目標を達成するという観点からの概念が生み出されているのである。

バーサローや村山が指摘するように、一般に人工物カテゴリーは、ある目標によって組織化されているケースが多いと思われる。食器に関する下位カテゴリー、文房具などは、知覚的にはかなり異なるものが多い一方で、「食物を盛る」、「ものを書く」などの目標を達成することに必要な条件を満たしている。これらのことからすれば、我々が目標を構成原理とするカテゴリーをも生成していることは明らかであろう。

以上のことが意味するのは、人間が学習や問題解決で用いる抽象化の生成原理は、目標、活動であるということだ。この抽象化には、活動の達成、システムの機能の実現と維持という目標が含まれている。そして、目標に関係する様々な対象や関係が一般化され、相互に有機的に結びついている。

ただし、どのようなレベルの抽象度の抽象化が用いられるかは、類推を行う人が持つ、その領域での経験に依存している。これらの中には意味あるものとして文化の中に定着し、さらには学校で教えられるような抽象化もあるだろうし、個人がその経験の中で独自に築き上げたものもあるであろう。たとえば、「武器」、「机」、「大学」などは前者に相当するだろう。また、受験生が受験勉強中に気づくある種の問題群、たとえば「数学的帰納法」で解ける種類の問題とか、ベテランのセールスマンがその経験から獲得した「もう一押しで落ちるタイプの客」などは後者の例であろう。

準抽象化とその要件

以上のことから、人間が学習や問題解決で用いる抽象化には、目標が組み込まれていることが導かれる。さらに、抽象化の中には、その達成に関連する要素がある時には個物として、別の時には変数化された形で含まれ、それらと目標との間には因果的、機能的な関係が存在している。また、当然ではあるが、これらの要素はこの関係を成立させるための条件を満たしている。

以上のことから、人間の抽象化は

・一般化された目標の達成に向けたものになっている

・抽象化内の対象や関係は、その目標の達成という観点から因果的、機能的に結びついている

・またそこに関与する対象は、目標を実行するための条件を満たしている

という性質を持っていることが導かれる。こうした性質を持つ抽象化を以降、「準抽象化(quasi-abstraction)」と呼ぶことにする。ここでは、任意の抽象化ではないという意味で「準」という限定がつき、一般化された目標の達成に関わるという意味において「抽象化」という用語が用いられる。

抽象的な話が続いたので、5・4節で既存の理論の問題点として取り上げた、電流と水流の間の類推を例として挙げ、実際の類推における準抽象化の利用のされ方を説明してみ

よう。この類推の特徴としては、第一に、類推のベースは確かに水流システムであるが、実際の水流のシステムとは考えられないということであった。実験においては様々な種類の回路が用いられた。あるものは、電池が直列に二つ接続され、電球が二つ並列に接続されていたり、別のものは電池が並列で抵抗が直列に接続されていたりした。しかし、これに対応するような水流システムについての経験が参加者に存在するとは考えられない。

第二に、彼らの類推において写像レベルの間違いが全く存在せず、即座に正しい写像が行われることが挙げられる。従来のモデルからすれば写像は計算的にきわめて困難な課題であり、適切な制約を入れてもその計算コストはかなり高い。しかしながら、実験の参加者において、水が電池と対応づけられるとか、パイプが電球と対応づけられるなどという例は一つとして存在しなかった。このことは、写像が悉皆的（総当たり的）に行われている可能性がきわめて低いことを示唆している。

第三に、問題によってベースを容易に変更することが挙げられる。ふつう参加者らは、液体の流れをベースにした類推を行っているが、抵抗における発熱が関与する問題になると、水の流れではなく、固体（小さな球、人、電子）などの流れをベースにした類推を行う。さらに、この変更は多くの場合、何らの困難もなく自然に行われている。このベースの自然な変更は従来のモデルから説明することは難しい。というのも、もしあるベースが妥当ではないと判断された時には、ベースの検索、写像をもう一度始めからやり直さざるを得ないからである。

これら三つの特徴は従来のモデルからは容易に説明できないことであるとともに、準抽象化の存在を強く示唆している。この類推のベースとなる準抽象化は「流れる系（flow-ing system abstraction）」と考えられる。つまり、具体的な水流システムについての経験はないが、この準抽象化を課題状況に合わせて生成することにより、類推を行っていると考えられる。

この準抽象化は、

・流れる物体
・流れる経路
・（物体を流す）力

という三つの構成要素を持つ。この間の典型的な関係は、「物体が力を受けて、経路の中を流れる」というものであろう。ここから明らかなのは、この準抽象化がきわめて単純な構造を持っているということである。この単純さは第二の特徴として挙げた間違いのない即座の写像を説明する。構成要素が基本的に三つしかなく、その各々は相互に大きく異なっている。したがって、従来のモデルが仮定するように、類推初期において膨大な数の写像候補が生成されるということがない[121]。

もう一つの重要な特徴は、構成要素がシステムの目標によって組織化されているという点である。この準抽象化は「物体を流す」という機能の維持に関する目標を持っており、ランダムに特徴を削除して抽象化を行った結果生み出されたものとは到底考えられない。ここでは、各構成要素はこの目標の維持のために因果的に、機能的に結びついている。たとえば、パイプは「流れるものが通るところ」とか、水圧は「流れるものの勢い」というような意味を持つようになる。つまり、流れということに関して、それらがどのような役割を持つのかという目的的、機能的な観点から意味が割り振られているのである。

加えて、この準抽象化では、対象が「流れるもの」、「流れるものが「通る」ところ」というように変数化されて表現されている。この性質によって、第三の特徴、つまり参加者が自然にベースを変更することを説明できる。対象は変数化されているので、それが目標を満たす限りにおいて、自由に置換えが可能である。また、粒が流れるというモデルに変更しても、準抽象化内のすべての要素を置き換える必要は全くない。なぜならば、押し出す力や経路の存在は準抽象化によって既に保証されているからである。

さらに、準抽象化を仮定することにより、ベースの変更における一貫性も保証される。仮にある時点まではうまく機能していたベースを別のベースに変更した場合には、それまでに推論してきたことと、これから推論することの間に一貫性が存在する保証はない。しかし、もし以前に使っていたベースと新しいベースが同じ準抽象化の事例であるとすれば、これらは準抽象化の観点からして同一であるから、以前の推論とこれからの推論の間にはある程度までの一貫性が保証される。

ここで、準抽象化と分類学的カテゴリーとの違いを見ておくことは有益だろう。準抽象化は、標準的な分類学的カテゴリーとは以下の三つの点で、大きく異なっており、独特の性質を持っている。第一に、この「流れる系」という準抽象化は、分類学的なカテゴリーと異なり、固有の名前を持たない。したがって、意識化されにくく、利用者はこの準抽象化の存在に気づいていない可能性が高い。第二に、準抽象化においては、属性、対象が関係によって有機的に結びついていることが明確に表現されている。確かに、分類学的なカテゴリーの持つ多くの属性も本来的には有機的に結びついている。しかし、これらの属性は個別に取り上げることが可能であるのに対して（たとえば鳥ならば「嘴がある」とか「空を飛ぶ」等々）、この準抽象化においては他との関係を抜きにしてそうした属性を挙げることが困難である。第三に、準抽象化の中にはその目標が含まれていることである。一方、「流れる系」という準抽象化では、「流れる」というシステムの目標が存在している。一方、分類学的カテゴリーは、それが特に自然種である場合には、その目標を考えることは難しい。「鳥」の目標、「水」の目標を考えることは、誰にもできないことだろう。一方、人工物カテゴリーは、前述した「武器」カテゴリーからも明らかなように、何らかの目標を有していると考えられる。

6・3 準抽象化を媒介とした検索と写像

今までは、主に論理的な観点から準抽象化の意義について検討してきた。しかし、認知のモデルや理論には論理的な妥当性だけではなく、計算的な妥当性も必要とされる。論理的に妥当な理論であっても、非現実的な計算プロセスを要請するのであれば、それは認知のモデル、理論としては妥当なものとは言えない。そこで、本節では、準抽象化を仮定することが、類推の検索、写像においてどのような影響を与えるかについて検討する。

準抽象化と検索

準抽象化という考え方には、カテゴリーとその事例同様、抽象化とその事例という区別が必然的に関係してくる。そしてそこには階層関係が存在している。つまり、非常に具体的なものから、やや具体的なもの、抽象的なもの、非常に抽象的なものが木構造を成している。通常の分類学的カテゴリーでいえば、

私の家のポチ　→　柴犬　→　犬　→　ホニュウ類　→　……

という階層構造が存在している。電気回路の類推においても同様の階層関係が存在すると考えられる。たとえば、

電気回路 → 閉じた流れる系 → 流れる系 → 系 → ……

という階層関係が存在しているかもしれない。

階層関係の存在が検索において果たす役割は明白である。というのは、これまでの理論などのように何の階層も仮定しなければ、潜在的なベースの候補が n 個だけあるとして、その中から一つ選ぶ場合には最悪の場合 n 回、平均で $n/2$ 回の検索とテストが必要となる。これは我々の長期記憶が莫大な量の経験と知識を保存していること、また類推の場合は関連領域を限定することが難しいことから考えると、計算上ほとんど不可能になってしまう。一方、ベースが階層的に存在していれば、こうした事態は起こらない。というのは、もし階層の中のあるレベルの(準)抽象化が棄却された場合には、それより下位にある準抽象化、及び事例は一切考慮する必要がなくなる。たとえば、流れている系という意味が把握されれば、それ以外のもの、たとえば太陽系とか、カメラとか、図書館という事例は全く考慮しなくてよい。

階層構造は別の場合にも大きな役割を果たす。準抽象化は定義上、具体的な事例よりも情報量が少ないので、類推を行う際にいつでも十分な情報を与えるとは限らない。そうした場合は、はじめに選択された準抽象化よりも情報の多い、より具体的なベースを検索あるいは生成する必要が出てくる。このような場合、条件をつけ加えて、その階層の下位のベースを検索、生成すればよい。

さらに、抽象化の階層構造を仮定することにより、従来の理論では扱われてこなかった興味深い現象も説明することができる。類推は単一のベースではうまくいかないことが多い。特に、扱うターゲットが複雑な場合はそういうケースが多い[130]。前述したように、水流システムを用いて電気回路の説明をする場合でも、発熱が絡むとこの類推はうまく働かない。このような場合、多くの人はベースを自然に変更する。しかし、この変更はでたらめに行われるわけではない。多くの場合、流れるものを水から粒状のものへと変更し、粒がぶつかることやその間の摩擦によって発熱現象を説明しようとする。

ここで注目したいことは、水流も粒も同一の準抽象化、「流れる系」の事例となっており、この変更は準抽象化の中の対象の置き換えによってなされているという事実である。こうしたベースの変更は、ベースが何ら構造化されていないと仮定する立場からの説明は難しい。

準抽象化という概念を用いているわけではないが、福田健はベースとなる記憶表象の抽象度に関する研究を行っている。彼は類推のベースとして中間レベルの抽象化が必要であることを指摘し、「諺」に注目した。たとえば、有益な忠告をしても絶対に聞き入れてくれない友人がいたとしよう。こうした時に過去の類似した経験を思い出すかも知れないし、単に頑固、無理解といってすますかもしれないが、「馬の耳に念仏」ということばが自発的に出てくるケースも少なくない。こうした事実は我々の記憶の構造の中に、具体的な経験そのものでもなく、また過度に抽象的なものでもない、中間レベルの抽象化が存在していることを示唆している。具体的な経験は、非常に印象に残るようなエピソードがある場合、あるいはごく最近に類似した経験があるような場合以外はあまり想起されることもないだろう。これは検索において不要な情報が多いのでコストがかかるためと考えられる。また、「無理解」や「頑固」という過度に抽象化されたものは、その場面自体について有益な情報を与えない、いわゆる紋切り型になってしまう。たとえば言ったことの概要や、それによって誰がどのような被害を受けたのかなどの状況の意味が全て抜け落ちてしまう。一方、「馬の耳に念仏」という諺レベルの抽象化は、検索構造から見て適度な抽象化水準であり、また問題場面についての有益な情報を含む度合いが大きい。これらがもし正しいとすると、あるストーリーを記憶させた後、諺レベルの検索手がかりを与えると、そうでない場合に比べて再生の成績が高くなることが予測できる。

実際の実験で、参加者はまず二〇種類の短いストーリーを読むことが求められた。読んだ後、ダミー課題としてそのストーリーの現実性と快不快を評定することが求められた。最後に、参加者たちは抽象的な手がかり、諺レベルの手がかり、及び具体的な手がかり（前に読んだ文と登場人物などは異なるが主題関係を共有する別の話）が与えられ、以前に読んだストーリーを想起することが求められた。

その結果、諺を手がかりとした場合の正答が七割以上となり、三、四割程度である他の二つの手がかりにくらべてかなりよいことがわかった。また興味深いのは抽象的な手がかりを与えられたグループの誤答の数の多さである。これは抽象的なレベルで一致してもその自由度が高過ぎるので、主題や状況を変更する余地が残されているためであろう。一方、具体的手がかりや諺手がかりを与えられた場合は、大体思い出すことさえできれば、そこからの誤りは少なくなる。これは手がかりの制約の度合が高いためであると考えられる。また、福田健は社会的に定着していないが諺のように聞こえる表現を用いて同様の実験を行っているが、基本的には上記の結果を再確認している[131]。

ここで福田のいう「諺」レベルの抽象化は、先に述べた準抽象化の三つの要件を満たしていることを指摘しておきたい。たとえば、実験で用いられた諺の一つの「君子危うきに近寄らず」は、様々な種類の不要な危険の回避という一般化された目標に関するものである。また、そこでの登場人物などは、これらの目標の達成及びその障害に関して重要な役割を果たしている。こうした意味で、諺や格言は準抽象化が言語化されたものと考えることができる。

これらの結果からすると、記憶構造の中に諺レベルの抽象度の手がかりに敏感に反応するような知識構造、すなわち準抽象化が存在していること、そして人間は経験を準抽象化する傾向が強いことが明らかになったと言えるのではないだろうか。

準抽象化と写像

写像においては、ベース中の要素の中から写像可能なものを選択すること（選択問題）、それらをターゲットに合致するように配列すること（配列問題）が含まれる。検索の場合と同様、写像についても抽象化を仮定することにより、選択、配列のコストは劇的に減少する。

具体例は写像に必要のある特徴や関係だけではなく、必要のない個別的な特徴を数多く含んでいる。したがって、その具体例の中のどの要素が類推に関係するのかを判別しなければならない。5・3節で述べたように、一般にベースがn個の要素を含んでいる場合、写像の候補は2^n-1となり、nが大きくなれば計算不能となる。もちろん、前章で紹介したように、様々な制約を用いて、写像候補を特定していくことは可能であるが、これは類推の計算モデルが非常に難しいといわれる理由の一つなのである。

一方、（準）抽象化を用いた場合にはこうしたことは起こらない。抽象化の持つ特徴や関係は定義上すべて具体例に当てはまる。なぜなら、具体例はその上位の抽象化に何らかの要素を付け加えたものだからである。これはカテゴリーを例として考えれば簡単に理解できる。たとえば、チワワは犬の特徴にチワワ固有の特徴を加えたものであり、家で飼っているチワワのポチは、チワワの特徴にポチ固有の特徴を加えたものである。したがって、犬に成り立つことはチワワにも成り立つし、チワワに成り立つことはすべてポチにも成り立つ。

これと同様のことが準抽象化とターゲットの間にも生じている。たとえば、認知科学で用いられている「脳」と「コンピュータ」の間の類推においては両者が「入力→処理→出力」という抽象化の具体例となっている。したがって、入力、処理、出力に関係したことはすべてが写像の対象となる。このように準抽象化を仮定することで、そこで成り立っていることがすべて具体例で成り立つとすれば、選択問題は存在しないことになる。

配列問題についてはどうだろうか。ベースから選択されたn個の要素が選択され、このすべてがターゲットに写像、配列される。すると、配列の仕方はnの階乗となり、nが大きくなれば指数関数で近似されるに至る。こうしたことから、写像における配列は計算論的に見て大変に負荷のかかる作業となる。

一方、抽象化を仮定することにより、この数を大幅に減少させることができる。定義上、抽象化が含む要素の数は具体例よりも必ず少ない。これは、前節でも述べたように、具体的なものは、抽象的なものにそれ固有の特徴を付け加えたものだからである。この要素数の差は写像において生成される対応仮説の数に対して大きな影響を与える。抽象化と具体例の要素数の間に実際にどの程度の差があるのかは、抽象化の種類によるので一概には言えない。しかし、具体的な「脳」の持つ特徴や関係の数と「入力→処理→出力」のそれとの間には、桁がいくつも異なるほどの大きな差があることは明白だろう。

また次節で詳しく述べるが、ベースとなる準抽象化がその場で構築される場合には、ターゲットの理解や説明に必要とされるものを検索している。つまり特定の写像の候補となるものを検索しているのであるから、検索の過程に写像が入り込んでいる。よって、別途写像を考える必要はなく、そもそも配列問題は生じない。

写像における抽象化の重要性は心理学的にも確かめられている。3・5節で述べたように、複数の事例が存在することで、その間に比較が生じ、共通する構造が抽出される可能性が高まる。5・1節で紹介した放射線問題をターゲットとする類推研究では、こうした観点に立ち、ベースとなるストーリーを一つだけ与える場合と、二つ与える場合の比較が行われている。すると、二つのストーリーを与えられたグループは、一つしか与えられなかったグループに比べて約二倍の正答率を示した。また、二つのストーリーを与えたグループの要約を見ると、「どちらの話も問題に同じやりかたを使っていて、多数の小さな力を一箇所に集め、目標を壊せるような大きな力にする」というような、準抽象的なレベルでの記述も見られた。このような要約を行った参加者は、ほぼ全員が収束解を導くことができた。これに対して、要約においてこうしたレベルでの記述がなされていない参加者は、高々三分の一程度しかこの解にたどり着くことができなかった[101]。

6・4 準抽象化の動的生成

これまで人間が行う類推は、準抽象化に媒介されたものであることを主張してきたが、「流れる系」のような準抽象化は長期記憶内に安定して存在しているのだろうか。この答えは yes and no である。もし特定の準抽象化が何度も繰り返し使われるような場面があれば、それはおそらく記憶に定着することになるだろう。しかしいつでもそうした便利な構造が存在しているとは限らない。そうした場合は、その時の目標、その場で利用可能な情報から、準抽象化を作らねばならない。実際、5・4節で述べたように、人は具体的な経験、ベースが存在しない場合でも、容易に類推を生み出すことができる。そこで本節では、準抽象化の生成についての考察を進めていく。

まず類推以前に私たちの記憶がどのようなものとなっているかを考察する。私たちは日夜、様々な経験を重ね、それは長期記憶の中のエピソード記憶に蓄積されていく。ただ、それは、私たちが通常考えているほど強固なものではない。虚偽の記憶に関わる様々な研究が教えてくれるように、あるイベントの記憶内の要素間のつながりはとても弱い［132、133］。その一方で、類似した経験との間に様々なつながりが、意識的、無意識的に作り上げられる。そうした類似した経験から、小さな、しかし一定程度抽象的なフラグメントが生み出される。たとえば、道路工事中だったので渋滞した、廊下に荷物を置いたので通りにくかった、排水管が詰まったので水が溢れたなどの経験はクラスタ化され、「妨害物」というような抽象化されたフラグメントが生み出される。そして、各場面での経験は集約され、妨害物があると運動が妨げられるというような情報もそこに付け加えられる。他にも強い力は大きな運動を引き起こすという「力と運動」などのフラグメントも作り出される。[*3]

これらのフラグメントが抽象的というのは、特定の場面に限定されていないという意味である。道路、廊下、排水管などの具体的な事物はこの抽象化の中には存在しない。またこれが断片化されているというのはそのイベントのごく一部のみをカバーしているという意味である。たとえば渋滞に巻き込まれたときの、その他諸々の情報（運転は誰がしていた、どこの道だった、どこへ向かおうとしていた等々）は、この抽象化の中には存在していない。

こうしたフラグメントがある中で、電気回路の振る舞いを説明するという目標が与えられる。電気回路は知覚的にも、またその名称からしても、何かが流れることを含意している。これらは対象を捉える観点となるとともに、フラグメントの検索の手がかりともなる。またターゲット中の「抵抗」などの単語は、「妨害物」のようなフラグメントを連想的に呼び出す。つまり、ターゲットはフラグメント検索の手がかりとなっている。そして関連するフラグメントが検索され、これらが一貫性を持つように組織化され、前述の流れの準抽象化が作り上げられる。こうした意味で、準抽象化は目標とターゲット、長期記憶内のフラグメントとの相互作用により作り出されるのである。

この組織化は、前述のバーサローのゴールに基づくカテゴリー化のプロセスとよく似たプロセスにより実現されていると考えられる。火事の時に持ち出すものを考える時に頭の中でシミュレーションが起こり、赤ちゃん、宝石、預金通帳などが次々と呼び出されるのと同様に、流れるという現象があるときには、流れるもの、流れが生じる媒体、流し出す力などに関わるフラグメントが呼び出されるのである〔82、134〕。生成された準抽象化から直接的に有益な推論が生み出されることもあるだろう。たとえば流れの原動力が増大した時には流量は増加する、流れを妨害するものがあれば流量が減少するなどのことは、ほとんどの人にとって具体的なイメージを伴わずに推論可能であるだろう。

一方、準抽象化だけでは十分ではない場合もあるだろう。その場合は、具体的な対象を準抽象化の変数に挿入すればよい。それによって有益な推論を生み出せる時もあるだろう。

たとえば、電気回路におけるニクロム線の発熱などを考える場合には、粒状のもの、あるいは人を「流れるもの」に代入して考えてみることで、摩擦や人いきれなどが想定しやすくなる。ここでは、準抽象化は具体的な経験へのポインタのようなものと考えることができるだろう。

このようにして生成される準抽象化に基づく類推は、既存の理論の想定する類推とは全く異なった姿となる。既存の類推の図式では、ターゲットの表現が与えられると、ベースの候補となる具体的なエピソード全体が直接写像の対象となる。そして、何が何に対応するのかを、構造、意味、プラグマティックな中心性の制約に基づいて絞り込んでいく。準抽象化に基づく類推では、ターゲットを捉える観点、類推の目標から見て必要なフラグメントが逐次組み合わされていく。その意味で、準抽象化の構成の過程で写像は織り込み済みのものとなる。*4 したがって、検索されたベースの何がターゲットに対応するかを別途考える必要はない。また類推を行う人の目的に応じたフラグメントだけが呼び出されるので、その要素の数は具体的なエピソードに基づくベースに比べて、格段に少なくなる。こうした働きが、ベースが存在しない類推を可能にしている。

前章で述べたブランシェットとダンバーの生成型類推の研究をもう一度振り返ってみよう。通常の類推研究はベースとなるものを何らかの形で与え、その後にターゲットを与えて類推を行わせるが、彼らはターゲットを与え、それと類推関係にあるストーリーを作らせるという実験を行った。ここでは、州政府の赤字、累積債務の増加に対する緊縮財政をターゲットとして取り上げ、これに賛成、あるいは反対の立場から類推的なストーリーを作成することを参加者に求めた。すると、たったの二十分という短い時間であるにもかかわらず、一人当たり十もの妥当な類推的ストーリーを作り出すことができた。そして作り出されたストーリーの三分の二は、ターゲットとなる財政緊縮という話題とは全く異なる文脈（家事、病気、自然等）を持つものであった。つまり、このような文脈では、人は従来はひどく難しいと言われ続けた、遠い領域間の類推を簡単に行うことが示された[120]。

こうした結果が得られる理由の一つは、参加者たちは緊縮財政に賛成・反対するという目標が明確になっていたことにある。これによって、緊縮財政への賛成、反対を行うために必要なフラグメントが探索され、準抽象化が作り出される。たとえば、「xをカットすれば、短期的にはyを解決できる。しかし長期的にはより大きな問題を生み出す」というような準抽象化が生み出される。そして、その準抽象化に具体的な情報を埋め込むことで、類推関係にあるストーリーを生み出す。たとえば「飼っている牛の餌代が高過ぎるので、品質を下げた餌に変えた。すると確かに出費は減ったが、牛の品質が下がり、得られる収入も減少した」などの類推的なストーリーができあがる。

また荷方邦夫と島田英昭は、5・1節で取り上げた、放射線問題の類題を用いて生成の効果を検討している。この研究では、参加者は皆のストーリーをベースとして与えられ、それの類題を火事という文脈で作るように指示された。これの三〜七日後に、ターゲット問題として放射線問題の類題（高価な電球のフィラメントの修理）を与えられ、これを解くことが求められた。すると、類題を作成したグループはそれを作成しなかったグループに比べて、ターゲット問題の解決率が有意に高くなるという結果が得られた。同様の手続きで、算数・数学分野における類題作成を行わせた実験でも、同じ結果が得られた[136]。

この実験の参加者たちは、類題を作成することで、ベースとなる砦のストーリーを「お話」という観点ではなく、「問題」という観点で捉えたことが大きいのではないだろうか。「問題」は、目標となる状態、現状、その障害、使える手段などからなる。参加者たちは、そうした要素を満たすフラグメントを長期記憶から検索し、一貫したストーリーに組織化したのだろう。そして、この過程で作り出されたと考えられる準抽象化が、後の転移課題での成績を向上させたのではないだろうか。

6・5　人間の認知における準抽象化

学習における準抽象化

準抽象化は学校で行われる学習や問題解決場面では頻繁に出現する。第1章でも述べたが、学校物理は、文系志向の生徒たちにとっての最難関科目であり、多くの間違いが報告されている。また、さらに問題なのは物理学を多少学んだ程度ではこの素朴概念を克服することはできないという事実である[16]。その一方で、これも第1章の繰り返しになるが、こうした素朴概念を専ら用いて、関連する課題にすべて誤答するというわけでもないことが明らかになっている。

こうした現象の背後には準抽象化が関与していると考えられる。前述したように、我々は物理現象を数多く観察しているわけであるから、そうした現象を理解したり、説明したり、予測するための知識を持っているはずである。また、物理現象は子細に見ればきわめてバラエティーに富んだものであり、それら各々について独立した知識を持っているとは考えられない。したがって、類似した現象の集合に対処するため、ある程度まで抽象化した知識の構造が存在しているはずである。ただ、この抽象化は現象の特徴をでたらめに削除していった結果生み出されたものではは無論ないだろうし、また物理学が行っているような抽象化でもないだろう。

素朴物理における自発的抽象化

こうした場面で用いられる知識の構造を調べるために、私は同僚とともに力の合成・分解に一連の実験を行ってきた[137]。ここで用いた典型的な課題は、図6・1のような状況で「一人はどれだけの力を出す必要がありますか」というものである。

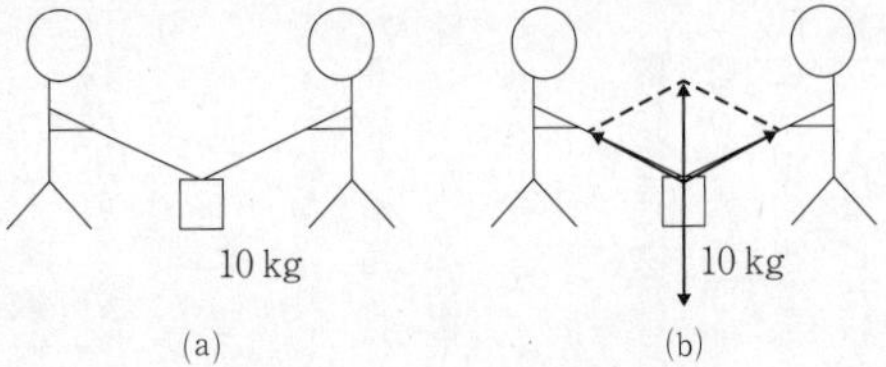

図6・1：力の合成・分解課題

この問題は当然二人が持っている紐の角度に依存する。紐の角度が〇ならば各々は五キログラムの力でおもりを支えることができるが、紐の角度が一二〇度の場合には一〇キログラムであり、角度が大きくなればなるほど大きな力が必要とされる。上の問題では紐の角度が一二〇度以上あるから、正解は「一〇キログラムよりも大きい」である。この問題は、図6・1（b）のように、平行四辺形を作図することにより解決可能であることが中学校で教えられている。

ところでこうした中学レベルの問題を大学生に与えると、驚くべき結果が得られる。参加者とした大学生の大半は、一人の出す力は五〜七、八キログラムくらいであると答えてしまう。また、同じ問題を理工系の大学院の学生を対象に行った場合でも、約三分の一程度の学生が同様の間違いをおかす。この誤答はかなり根強く、容易なことでは修正されない。私たちは、力の合成分解を思い出させたり、新たに教示し直したり、重要なポイント（角度に依存）を指摘したり、練習問題で作図をさせたりなど、いろいろな試みを行ったがいずれの教示も効果はほとんどなかった。

こうしたことからすると、初心者の多くは横向きの力の存在を無視して、おもりの重さを二等分して、そこから微調整程度のことしかしないと結論づけたくなる。しかしながら、垂直方向の力を考慮に入れない素朴概念がいつでも使われているわけではない。たとえば、上の問題の二人の登場人物の足をふんばるような形にした絵を添え、問題文中でこの二人は綱引きをしているという説明を加えた問題を用いた。すると、参加者の三分の二程度が一〇キログラムを超える力が働いていると答えるのである。

ここから、初心者は物理学的には同じである力の分解という状況に対して、二つの準抽象化を持っていることがわかる。一つは「協調」の準抽象化と呼べる。この準抽象化の目標は「協調」であり、ここでの内容は「持ち上げる」、そしてここに関わる対象は「(複数の)人」、「持ち上げるもの」である。この準抽象化を適用した結果は、「労力の軽減」であったり、「時間の短縮」となる。つまり、ここでは関与する人数が増えるにしたがって達成すべきことは容易になることが自然に推論される。もう一方は「競合」という目標を持つ準抽象化である。これは、複数の人間が競い合うような状況に対して適用される。この場面での内容は「綱引き」であり、参加者は協調の準抽象化同様「(複数の)人」となる。この準抽象化の適用結果は、「参加者間の出す力の大小」である。ここでは相手以上のことを行うことが、そこに関与する対象に課せられている。綱引きの状況でいえば、相手よりも大きな力を出すということであり、つり合っていれば双方の力は同じとなる。

これら二つの準抽象化は、通常全く別の目的を持つ状況に対して適用されるものである。

だが、力の合成・分解ではこれら二つが同時に用いられなければならない。こうしたことが、この状況の理解を難しくしていると考えられる。その結果、いくらこの法則を教科書的に教わったとしてもそれを使いこなすことができないのであろう。

これらは、同一の問題から異なる構造が生じるケースがあることを示している。ある場合には力の分解問題は「協調」という構造が、別の場合には「競合」という構造を持つと認識される。したがって、構造写像理論が仮定するように、ある問題に対して単一の構造が確定できるわけではないことがここから示唆される。

学習の転移における準抽象化

学習したことを学習場面とは異なる場面において利用することは、学習の転移と呼ばれて研究されてきた。学習場面において抽象度の高いルールを獲得することができれば、同種の様々な問題群を解決することができるはずである。しかし第1章で見てきたように、抽象度の高いルールを利用することは初学者には困難であることが繰り返し示されてきた。このようなことから、類推―具体例の直接的な適用―が注目を浴びるようになってきたわけである。しかし準抽象化理論にしたがえば、具体例の検索やそこからの直接的な写像はきわめてコストがかかる計算である。そこで本節では準抽象化の導入により、転移を促進する可能性を考えてみたい。

2・6節で述べた、仕事算とその同型問題である水槽問題、出会い問題を思い出していただきたい。これらは仕事算の解法と同じ手順で解くことができるという意味で、同型の問題である。しかし、仕事算の学習の後に、水槽、出会い問題を解決できた学生はきわめて少数であった。つまり仕事算での学習が転移しなかったということである。

この転移の失敗の原因を考えるためには、問題解決のプロセスに立ち還る必要がある。問題解決は一般に問題理解と実行の二つの段階に分けられる。問題理解とは、問題文の述べる状況について、問題表象と呼ばれる心的なモデルを作り出すことである。このモデルは、どんな状況において何が求められ、何が利用可能なのかをまとめあげたものである。そして、このモデルに基づいて、解決のためのプランが立てられたり、計算が実行される[29、138]。

この知見からすれば、問題理解レベルの同型性がなければ、解法レベルの同型性は意味を持たないことになる。一般に初心者は問題の字面に引きづられた問題理解を行うことが知られているが[139]、仕事算、水槽問題、出会い問題の字面は相当に異なっているので、別々の理解のモデルが作り出されることは容易に想像できる。その結果、仕事算の解法を他の二つの問題に用いることが困難になっていると考えられる。

そこで三つの状況を同じ状況と見なせるような準抽象化を学習に含めることで、転移を促進できる可能性がある。そうした観点からこの三つの問題を考えてみると、これらには

1 達成すべきこと
2 達成への個別の貢献
3 達成量の総和

という準抽象的な問題構造を共有していることがわかる。これらにはまず達成すべきゴールが存在している。そしてその達成に向けて、その場の人や物が個別に貢献をしていくという図式が存在する。この図式を反映した準抽象化を学習に導入すれば、問題理解レベルの同一性を把握しやすくなり、解法の転移が起りやすくなることが予測できる。

以上のことから、三種類の教示を用いた実験を行った。一つは、準抽象化に基づく教示である群である。このグループでは上述した仕事問題の解法を達成―貢献という観点から書き換えた解説が与えられた。つまり、「仕事」という部分が「達成すべきこと」となり、各人の仕事量が「貢献」ということばで表現された。もう一つは具体例を用いた教示である。ここでは長い棒のアメを、二人の人間が両方から食べていくという具体例を用いて、典型的な仕事問題を解説した。この教示は仕事算の標準的な解法とは異なり、具体的なイメージを伴い、分かりやすい解説となっている。最後は標準的な教示で、ここでは典型的な仕事問題を、通常の参考書のような形で解説した。転移課題として、構造を変化させた仕事、水槽、出会い問題を二題ずつ用意した。実験の結果、例題と同じ内容を持つ仕事問題での正答率には差がなかったが、見かけの類似が欠如している水槽問題と出会い問題においては準抽象化群と具体例群が、標準群よりも高い転移率というものであった。

ここからわかるのは、いわゆる仕事という内容に密着した標準的な解説よりも、具体的な事例を類推的に用いた解説、および準抽象的な解説の方が、いくつかの限定はつくけれども有効であるということである。一方、アメという具体例に基づく類推を用いた教示と、達成―貢献という準抽象化を用いた教示との間には差は見られなかった。

これまでの議論からすればこのレベルの差は出ない可能性もある。前に述べたように、準抽象化が理論的に必要とされるのは、具体例では検索や写像のコストがかかり過ぎるためであった。この実験では仕事算を教えた直後に仕事算とその同型問題が提示されているわけであり、参加者にとって仕事算の解法を使うことは半ば自明である。したがって、検索のコストはほとんどかかっていないと思われる。もし検索のコストが大きいような状況になれば、この二つの群の間に差が生じてくる可能性が予測される。

そこで次の実験を行ってみた。この実験では解説の部分で仕事算以外の二つのタイプの問題を含めた。また、事後テストも前の実験で用いたものに加えて、仕事算以外の課題も含めた。したがって参加者としては、ある事後テスト問題に対して、どの例題での学習結果を写像させるべきかを検索する必要が出てくるわけである。その結果、準抽象化群が他の二つの群に比べてすぐれた成績となった。特に、準抽象化教示を受けた一三名中一二名が水槽問題の解決に成功した。

このように検索に負荷がかかるような状況では具体例の持つ効果が失われ、準抽象化の効果が顕著に現れる。また、最初の実験と比較すると、二番目の実験の準抽象化群の成績の方がよくなっている。これは他のタイプの問題を含めることにより、準抽象化の意味がより明確になったためと考えられる。多くの参加者は、達成—貢献という準抽象化を、この実験の前から獲得していると考えられる。しかし、それが問題に適した形になるためには、この枠組に合致しない別の問題があった方がよい。なぜなら、これによって比較の観点が設定され、各々の問題の特徴がよりよく抽象化されるためである。こうしたことが準抽象化群のパフォーマンスを部分的に支えているのだろう。この効果が標準群や具体例群で現れないのは、各々の問題タイプが異なっていることは理解できるのだが、異なる部分が多過ぎて、どの特徴がもっとも重要であるかが理解できなかったためではないかと思われる。

発見における準抽象化

第4章では、類推が科学的な発見に用いられているという印象的な例をいくつか挙げた。こうした例では、およそかけ離れた領域の間での類推が取り上げられることが多い。電子と太陽系の間のラザフォードの類推であるとか、カルノーサイクル（二つの熱源間の温度、圧力、体積の関係を表す）で用いられた滝からの水の落下の類推は、一見して何の関係性も見つからない具体事例間の類推となっている。

こうした類推は実際の科学者の研究活動の中に見られるのだろうか。ケヴィン・ダンバーは、当時のアメリカを代表する四つの研究室に長期間密着し、そこで研究推進にとって重要な意味を持つ研究室内ミーティングを詳細に分析した。一六回（各研究室四回ずつ）のミーティングにおいて、類推は約一〇〇回と、きわめて頻繁に用いられていた。彼はこれらの類推を、ベースとターゲットの距離に応じて三つのタイプに分類した。一つ目は同一生体内の中で行われるもの（ある状況での病原菌と別の状況での同一の病原菌の振る舞い）、二つ目は異なる生体間で行われるもの（異なるウィルスの間の振る舞い）、三つ目は非生物との間で行われる類推である。すると、三つ目の非生物との間の類推は二回しか起こらず、それは科学的な発見に関わるというよりは、事後的な説明としてのみ用いられるという結果が得られた［140、141］。

また本書から見た重要な発見は、異なる生体間での類推の場合は、特定の個別事例が想起されることは稀（一割程度）であるという事実である。科学者たちは実際には、データベースによるホモロジー（相同性）や、生物全般に関わるような抽象的な原理を利用しながら類推をしているのである。つまり、研究対象の遺伝子の塩基配列がわかると、それと同じ配列を持つ遺伝子について行われた他者の研究を見つけ、その研究で明らかになった機能が、自分たちの研究対象にもあるのではないかと考えるわけである。また場合によっては、一般的な生物学上の原理を利用し、ベースの検索対象を絞り込んだりする。

この報告は、類推がカテゴリー的同一性を媒介としたものであることを示唆している。つまりホモロジーが成立すること、同じ生物学的な原理が働くことは、ベースとターゲットの両領域が、ある種のカテゴリー的同一性、つまり共通の祖先遺伝子を有していることを示している。こうした同一性があるから、検索や写像がスムーズに進むのである。科学者たちは、決して総当たり的な全検索を行っているわけではなく、ある観点から見たときの同一性にガイドされた検索、写像が行っているのである。

ダンバーの研究は、類推がこれまでの主要な理論が提唱するような形で進むのではなく、本書で主張している三項関係に基づく、目標主導的な、方向づけられたものであることを示している。しかし媒介となるものが準抽象的なものかどうかについては明らかではない(研究者たちにとっては馴染みのあるものであり、その要素は相互に関係づいているので「準」抽象化である可能性は高いとは思うが)。

この点で参考になるのは、画期的な科学的発見を行った研究者へのインタビュー調査をした植田一博の研究である。この研究は画期的な発見に関わる類推だけが取り上げられた。画期的な発見ということで場面がかなり限定されていたのだが、約半数の事例で類推の利用が見られたという[135]。

この研究では、数は少ないが、新たな理論構築における類推が発見されている。その中の一つに、球状星団の特異な振る舞いを説明するために構築された理論がある。この理論が提案される前には、球状星団を恒星と同様にガス球と見なしてその振る舞いを説明する理論が存在した。これは球状星団を通常の恒星からの類推で捉えようとするものである。しかし、この類推は熱力学的に平衡な系として理論化を行っているため、球状星団の振る舞いをうまく説明することができず、失敗であると見なされていたそうである。

一方、この新しい理論の提案を行った科学者は、恒星も球状星団も本来は、自らの重力で形状を保っている自己重力系という点で類似しており、恒星の内部構造に関する理論を球状星団に写像可能だと考えたという。ただし、これだけでは説明力の点で問題があったため、非平衡系熱力学、線形安定化に関する理論の一部を恒星の内部構造に関する理論に取り込み、新たな「自己重力—熱力学系」という観点に基づいて理論を拡張し、これを用いて恒星から球状星団への写像を行った。またその過程では、エネルギー伝達媒体に関する大きな修正も必要であったという*5。

ここでは、自己重力系による類推的な説明に、さらに非平衡系熱力学、線形安定化に関する理論の一部を取り込み、新たな「自己重力—熱力学系」というモデルを構築し、これを用いて写像を行った。これは、球状星団の振る舞いの説明というゴールの下で、必要な知識のコンポーネント（非平衡系熱力学、線形安定化の理論）が動的に組み合わされ、準抽象化が新たに生み出されたと解釈できるだろう。

比喩における準抽象化

比喩については、2・8節で述べたように、特徴マッチの度合をベースにした理論が主流の地位を占めてきた。たとえばアンドルー・オートニーの特徴不均衡モデルでは、「XはYだ」という比喩は、Yに顕著な特徴のうち、Xにも見られるものを見つけ、それをその比喩文の意味とする。たとえば、「イチローは球界の宝だ」という比喩では、宝の顕著な特徴の中から、イチローにも共通する「価値がある」、「希少である」を見つけることが、その比喩を理解することであるとされる[54]。

しかし、「うちの部下はデータベースだ」という比喩について考えてみよう。この場合、そもそも特徴のマッチは成り立たないはずである。なぜならば、聞き手は被喩辞である発話者の部下について、ほとんどなにも知らないからである。したがって、そもそも喩辞であるデータベースとマッチすべき特徴を挙げることができないはずである。

こうした事情にもかかわらず、上の比喩文が理解できるのはなぜだろうか。これについて、サム・グラックスバーグとボウツ・カイザーは、比喩文は通常のカテゴリー関係を表す文と同じ仕組みで理解されているという。通常のカテゴリー関係を示す文とは、たとえば「ネコはペットだ」というような文であり、ここではネコはペットというカテゴリーのメンバーであることが宣言されている。先ほどの比喩文は、これと同様に、「うちの部下」は「データベース」というカテゴリーのメンバーであることを示しているという[142]。

むろん、人間は字義通りの意味でデータベースというカテゴリーのメンバーではない。よって、ここでの「データベース」とは字義的なものではなく、「なんでも知っている」、「すぐに回答が出てくる」、「データを入力しないと一切答えられない（自分で考えられない）」などの特性を持つ人間の集合＝カテゴリーを表すためのラベルなのである。そしてこの文では、その部下がそうした特徴を持つ人の集合のメンバーであることを宣言していると捉えるのである。

そんなカテゴリーが存在するのかと訝る方もいるかもしれない。しかし、6・2節で見てきたように、私たちはゴールに基づいたカテゴリーを臨機応変に作り出すことが可能である。世界に存在する自然種や人工物などのいわゆるカテゴリー以外にも、我々の活動に関連した事物や事柄を一まとめにしたカテゴリーも存在している。たとえば、「海外旅行に必要なもの」というカテゴリーは、そうした活動に関係したものである。この中には通常一まとめにはされないような靴下、歯磨き、保険、パスポート、クレジットカードなどが含まれる。こうした事物はふだんは全く別のカテゴリーに属しているが、旅行という目標が与えられたとたん一まとめにされる。これと同様に、上に挙げたデータベースというのも、ある人物の考えや行動パターンを説明するというゴールのもとに作り上げられた、準抽象化の一種であると考えられる。

さて、このように比喩がゴールに基づくカテゴリー、準抽象化によって媒介されていると考えると、比喩の非対称性と選択制限違反を簡単に説明することができる。まず、非対称性について考えてみよう。一般に「XはYだ」という比喩の喩辞Yと被喩辞Xを入れ換えると理解不可能になる、あるいは全く別の意味になることが知られている。たとえば、先ほどの比喩を逆にして「データベースはうちの部下だ」としてみると、おそらく元の文の意味とは全く異なった意味が作り上げられるだろう。これは比喩が包含関係の言明であることからすぐに理解できる。つまり、包含関係の言明においては必ず「個物はクラスだ」という形式をとらなければならないからである（つまり、「ネコはペットだ」とは言えるが、「ペットはネコだ」とは言えない）。だから、入れ換えた比喩文が全く異なる意味になったり、理解不可能になったりするのである。

また、比喩には選択制限の違反の認知が伴う必要があると従来主張されてきた。もしこれが正しいとすると、比喩解釈のプロセスにおいては、通常の文ではないという認知がまず生じて、次に比喩解釈が始まるということになるはずである。だとすれば、もし字義通りの解釈ができる文であれば、比喩的解釈は成り立たないことになる。ここで「クリントン（第四二代アメリカ合衆国大統領）はアメリカ人だね」について考えてみよう。この文は確かに字義通りの解釈（「クリントンはアメリカの国籍を持つ人間である」）が可能であるにもかかわらず、多くの場合このような字義通りの解釈はされない。この例もまたカテゴリー化が関与していると考えるとうまく説明がつく。すなわち、「アメリカ人」という喩辞は「外国人に寛容である」とか、「若々しくて、バイタリティーがある」とか、「大国主義者で、愛国主義者である」などのカテゴリーを表すラベルであり、クリントンはそうしたカテゴリーのメンバであるという言明なのである。

このように比喩もまたベース（喩辞）とターゲット（被喩辞）とゴールに基づくカテゴリーとの三項関係としてとらえるべきだというのが、グラックスバーグとカイザーの主張である。彼らが述べているカテゴリーは、本書の文脈からすればまさに準抽象化としての性質を満たしている。これらのカテゴリーはある種の人たちの行動パターンを説明し、予測するという明確な目標を持っている。そして、そこに含まれる特徴はこの目標との関係において構造化されており、任意の特徴の寄せ集めではない。このように比喩においても抽象化が介在しており、これによって比喩文の意味が確定できるのである。

準抽象化に基づく枠組みでは、標準的なアプローチからは説明の難しい、ベースが事前に存在しないような比喩や類推をうまく扱うことができる。たとえば、著名な霊長類学者であるフランス・ドゥ・ヴァールは、遺伝子と人間行動との関係について次のような類推を行っている[143]。

人間が遺伝子に支配されているというのは、レンブラントの絵が絵の具とキャンバスに過ぎないというのと同じだ。

ここでのターゲットは「人間が遺伝子に支配されている」であり、ベースは「レンブラントの絵が絵の具とキャンバスに過ぎない」である。考えるまでもなく、ベースはドゥ・ヴァールの創作であり、もともとどこかに存在していたり、彼の記憶にあったりしたものではないだろう。彼は、要素還元主義的な人間行動の説明が不十分であることを明示するという目的を持っていた。そして、そこに関係した知識のフラグメント、つまり要素に還元できない価値ある、見事な事象、そしてそのコンポーネント、要素還元主義を主張する人に対応する対象を探索した。それらが各々、レンブラントの絵、絵の具とキャンバス、そしてレンブラントの絵を要素に分解する人に結びつき、このベースが構築されたのであろう。

ここまで挙げてきたいくつかの例には、従来の類推図式（はっきりとしたベースが存在し、それが未知の問題を含むターゲットに写像される）とは全く異なる類推の姿を見ることができる。それは観点、ゴールの設定であり、そこに関与するものの探索であり、そして準抽象化の動的な構築である。

創造における準抽象化

類推は、それ以前には全く気づかれることのなかった構造が創発する認知メカニズムであるとされる。こういう次第で、類推は創造的活動の源泉と考えられている[144]。このような類推の創造的性格を強調する立場からすると、準抽象化によるカテゴリー的同一性を強調する本書の立場は、創造的類推とは無縁のものと考えられるかもしれない。

ただし、そのような見方は創造について全く正当化されない仮定に基づいている。もしこの立場をとると、そもそも既有の構造を利用する類推は、発見、創造とは無縁なものとされてしまう。たとえば、ワトソンとクリックの遺伝子の二重螺旋構造の発見は科学史上の重大な発見と言われている。しかし、前述の見方に従えば、ワトソンはそれ以前に螺旋構造について当然知っていたであろうから、この発見は創造的ではないということになる。ベルクロファスナー(マジックテープ)の発見は、創造的類推の代表例として挙げられることが多い。そこでは、野原を散歩していた時にズボンについた「いが」がベースとなり、それまでには考えられなかった接着方法が導き出されている。ここでもまた既知である「いが」の構造が利用されている。しかし、このことはいささかも彼らの発明の創造的性格を損なうものではないだろう。

ここで考案者が利用したものは、「流れる系」、「達成―貢献」のような一般的な準抽象化ではないことは明らかである。しかし、「余計な附属物をつけずに繰り返し接着、分離可能なもの」というのは、準抽象化の三つの条件に合致している。すなわち、特定の個物を指していないという意味で一般化されており、接着、分離という目標の実現を可能にする条件を含んでいる。こうした準抽象化の存在が、たまたま出会ったいがの特性、構造への注目へと導いたと考えられる。また、この過程ではいがの構成要素に対応する人工物の作成方法がゴールに基づいて探索されており、ベース、ターゲットの構成要素間での写像仮説を悉皆的に生み出すという方法がとられていないことも注意すべきである。

このように、ある種の創造は、特定の構造がそれが以前に用いられることのなかった場面で例化されることにより生み出されている。このような場合、構造自体は既知であるが、それでも十分に創造的といえる。なぜなら、類推以前にはターゲットの構造は未知であったが、類推によってそこに新しい構造が生み出されているからである。

第2章で述べたように、人は既存のものとの類似に囚われ、真に創造的なものを作り出すことができない。こうした制約をどのように乗り越えるかについて、スティーブン・スミスらは抽象的なレベルで特性を把握することの重要性を述べている[48]。たとえば、ある研究では機械工学の学生に新しい乗物のブレーキシステムをデザインするという課題を、運動エネルギーを別のエネルギーに変換せよという抽象的な教示を付け加えた上で与えた。その結果、こうした教示を受けた学生のデザインは、その分野のエキスパートたちからも革新的であるという評価が得た[145]。

このことは抽象性と創造性について興味深い論点を提示している。つまり、特定の具体的な事例を想起してしまうと、そこに強く引きずられた形でしか想像ができない。しかし、機能や条件を抽象化することにより、目標達成のための条件や、その多様な実現形態を幅広い範囲の探索を通して想像することができ、結果として創造的なものを産出しやすくなるのである。

準抽象化理論では、人は個別事例に直接アクセスするのではなく、ある時には既存の準抽象化にアクセスし、別の時にはゴールに基づいてその場で準抽象化を構成し、その変数部にゴールに適した対象を代入することで、その後の推論を行うとしている。これは一見、類推の創造的性質を損なうものであるかのように受け取られるかも知れない。しかし上記の研究からすれば、事態は逆であり、抽象性こそが創造的問題解決の源泉であるとも考えられる。

6・6 まとめ

前章末で、これまでの類推理論の問題点を指摘した。それらは、(1) ベースの構造が固定されていること、(2) ベースが事前に存在せずにその場で作り上げられることが説明できないこと、の三点であった。(3)切り貼り、当てはめ型類推と、方向づけられた類推の区別がつかないこと、の三点であった。

本章ではまず、方向づけられた類推が可能になるための条件を探り、それがカテゴリーに基づく同一性であることを指摘した。つまりベースとターゲットが同一のカテゴリーの事例であることで、そのカテゴリーにとって本質的な意味を持つ特徴の写像が可能になる。これによって、類推はベースとターゲットの二項関係ではなく、カテゴリーを媒介とした三項関係として捉えるべきであることが導かれた。

しかし類推において用いられるカテゴリーは、通常の分類学的なカテゴリーとは異なっている。そこで、準抽象化という概念を提唱した。これは、一般化された目標の達成のために、小さなフラグメントが、ターゲットの要請に応じて動的に組み合わされて作り出されるものである。この準抽象化の導入により、ベースが事前に存在せずとも類推が可能になる。またこのように考えることで、類推がベースの持つ固定した構造だけに基づくのではなく、ターゲットの持つ様々な特徴や構造をも取り込んだものとなる。そして、類推はやみくもな対応仮説の中での探索ではなく、目標の達成に向かう方向づけられた活動となる。

その後、教科の学習、発見と創造、比喩などの認知活動において、実際に準抽象化が用いられているケースを取り上げ、その働きを詳細に検討した。物理や数学の分野では、問題の文脈から人が自然に構成する準抽象化が学習を妨げるケースがある一方、適切な準抽象化を学習の際に用いることで学習が促進できる可能性を示した。創造と発見においても既存の準抽象化の利用、新たな準抽象化の動的な生成が、科学者や発明家の活動を支えている可能性を指摘した。比喩においても準抽象化を導入することで、これまでに説明が難しかった比喩理解、そして比喩の生成についての一貫した説明が可能になった。

注

＊1　これは事前に存在していることを意味するわけではない。この件については6・4節で論じる。

＊2　人工知能の分野では abstraction に対して「抽象化」という訳語が定着しているので、ここではそれに従った。

＊3　ここでの議論は、ディセッサの現象論的プリミティブに基づく、p-prim 理論に多くを負っている。これについては付録4節で詳しく論じる。

＊4　後述するが、ベース自体が構成されていくような類推においては、検索と写像は分離できないという説得的な主張がなされている[135]。

＊5　この理論は、恒星と球状星団の崩壊のパターンが異なるという新たな予測を生み出し、それは後に観測によって確認された。これはこの分野の多くの研究者によって画期的な

発見と見なされている。

第7章　類推のこれまで、そしてこれから

最後の章となる本章では、類推についてここまででわかったこと、そしてこれから考えるべきことを述べてみたい。

7・1　本書は何を主張したのか

「はじめに」でも述べたように、本書では

1　思考は規則、ルールに基づいたものではない
2　類似は思考を含めた認知全般を底支えしている
3　類似に基づく思考＝類推は、三項関係で成立する

を主張した。

思考はルールに基づくものではないのは、ルールが知識として取り込まれるときに、そこには文脈情報が入り込むから、つまり知識は文脈依存という性質を持つからである。このことを論理的推論がいかになされるか、また数学や物理で用いられる抽象的ルールの利用がどのように行われるかを検討することを通して明らかにした。人が形式的ルールを用いない理由は二つある。一つはルールが仮定する世界と、我々人間が実際に生活する世界との間の違い、特に得られる情報の信頼性の度合いに関しての前提の違いである。もう一つの理由は、ルールに含まれる変項、変数と、それが適用される場面の情報とのマッチにかかる認知的なコストが高いためである（第1章）。

それでは知識は何に基づいて用いられたり、用いられなかったりするのだろうか。その鍵は類似にある。実際、類似は思考場面以外のきわめて広範囲な認知活動（概念の利用と獲得、帰納、学習の転移、言語、創造等々）に関与している。思考においては獲得された知識（ルール）に含まれる文脈情報と、それを利用する場面で得られる情報とのオーバーラップの度合い、つまり獲得場面と現状がどれだけ似ているかによって、知識が利用されたり、されなかったりするのである（第2章）。

ところが類似を思考へと拡張するためには大きな問題が存在する。それは伝統的な類似性判断のモデルでは、問題解決においてきわめて重要な働きを持つ構造とゴールが明示的な形で取り込まれていなかったからである。そこで、類似判断は単に見かけの類似ではなく、構造、ゴールなどの本質的な情報を取り込んだものとなるのかを検討した。その結果、人は場面に応じてそれらを含んだ類似判断を行えることが明らかになった（第3章）。

類似に基づく思考、すなわち類推は実際に人間の生活の様々な場面で頻繁に用いられている。それは経験の再利用を根底から支えているし、また日常言語の中に深く入り込み、コミュニケーション、概念化の基盤となっている。また文学、哲学、科学などの学問においても多用されるし、教育、法律、政治、ビジネスなどの社会生活の中でも用いられている（第4章）。こうした類推は認知科学においては、ベース（例えるもの）とターゲット（例えられるもの）との間の写像（対応づけ）に基づくとされている。そこで認知科学では、人がどのようにして膨大な長期記憶の中からベースを検索してくるのか、また検索されたベースはどのようにしてターゲットに写像されるのかを検討してきた。実験、コンピュータシミュレーションなどを含む膨大な研究を通して、類推のプロセスの理解は格段に進んだ。しかしそれとともに、これまでの認知科学研究には致命的と思えるような欠陥があることも明らかになった。それは、ベース構造の可変性、ベース不在の類推の存在、そして当てはめ型、切り貼り型の類推と正当な類推の区別を説明できないことであった（第5章）。

そこで類推についての新たな見方が導入されることになった。それは観点を通した準抽象化の検索、あるいは生成によりベースとターゲットが対応づけられるという見方である。この見方では、類推はベースとターゲットの二項関係ではなく、準抽象化を含む三項関係として捉えられる。これに従えば、観点やターゲットとの関係で、異なる準抽象化が検索、生成され、それに応じて適切なベースが生み出され、ターゲットの理解、解決、学習に用いられることになる。観点、準抽象化の導入によって、前章で指摘した問題点が克服されるだけでなく、これまでに不可解であった現象の理解も可能になった（第6章）。

従来の認知科学の類推研究においては、類推がベースとターゲットとの間の写像なのだという定式化の下、それに合致する実験パラダイムが考案された。これまでに紹介してきた先行研究のように、事前にベースとなるものを与え、その後にターゲットを与えて、ベースを利用した認知が可能かどうかというのがそれである。こうしたパラダイムの下で、数多くの研究が行われ、重要な知見が蓄積されてきた。

その一方で、そうした定式化に収まらない現象は類推とは見なされずに放置されてきたように思う。その結果、4・3節で紹介した、日常生活の中に溢れかえる興味深い類推のほとんどは排除されてしまったように思う。また類推におけるベースの利用に研究が焦点化されてしまい、類推の生成的な側面についての研究は桁違いに少ないという状況も生み出された。

しかし本書、特に第6章で述べてきたように、類推は固定した知識（ベース）の当てはめの過程では決してない。類推を行う人間のゴール、その場で利用可能な内外の情報の相互作用を含んだダイナミックな過程なのだ。だから直接的に関連するベースがなくても、その場でベースを作り出し、適切に問題状況に対処することが可能になる。このように類推を捉えることで、ベース不在の中の興味深い類推（サールの中国語の部屋、ドゥ・ヴァールの還元主義批判、架空の蕎麦屋を用いた電力会社批判等々）にもアプローチしていけるようになるのではないだろうか。

7・2　思考の統一理論は可能か

心理学者、認知科学者たちは思考を推論、問題解決、意思決定に区分し、さらにその中の推論は演繹、帰納、類推、仮説推論として区別してきた。そして類推の研究者は、誰が見ても類推としか思えない課題を設定し、その中で研究を行ってきた。これは他の推論についても同様である。そして各タイプの思考、推論に固有の理論やモデルを提案してきた。その結果、各々の理論、モデルは相互に関係を持たず、各分野に固有のものとなった。加えて研究者間の交流もほとんどないという状況を生み出した。

しかし人間が現実場面で出会う課題、問題は、それほどクリアに演繹、帰納、類推などと区分けできるわけではない。また研究者からすれば明らかに演繹問題だと考えていることが、実験参加者にも演繹問題として受け入れられるかも明らかではない。たとえば、第1章で取り上げた四枚カード問題は、研究者の間では長らく演繹問題の代表のように見なされてきた。しかし、近年の研究ではこれは多くの被験者にとっては、ルールが成立しているのか、あるいは成立していないのか、どちらの仮説が正しいかを検証する問題として受け取られている可能性が高いことが明らかになりつつある[146、147]。類推も同様に、実験者が類推課題だと思っているものは、実験参加者には違ったものとして扱われている可能性もある。

また私には人が演繹、帰納、類推などについての専用の推論機構を持っているとは思えない。これではまるでコンピュータに各推論専用のソフトをインストールしているようである。そうではなく、単一の推論機構が、その時に得られる情報の種類、その確実性、それらについての過去の経験（そしてその確信度）によって、ある時には演繹に見えたり、帰納に見えたり、類推に見えたりするというのが現実なのではないだろうか。

こうした観点をとる時、類似、そして準抽象化は、各推論タイプを統合する鍵になる可能性がある。6・4節では、準抽象化を利用することにより、ベース中の写像候補を考慮する必要がなくなることを指摘した。これは演繹推論と類推の間の密接な関係を示している。というのも、この主張は

準抽象化はxという性質を持つ
あるターゲットはこの準抽象化の事例である

という前提から

あるターゲットはxという性質を持つ

という結論を導くという意味では演繹的と見なせるからである。ただし、準抽象化理論は類推を演繹に還元することを意図しているわけではない。少なくとも、人間が思考する状況を考慮すれば、演繹こそが類推の特殊事例であると考えねばならない。第1章で述べたように、典型的な演繹推論課題状況では、

1 前提は必ず正しい（と見なさねばならない）
2 前提は結論にとって必要で十分な情報を与える（よって他の条件を導入してはならない）

という条件が守られている。また、このような状況では写像すべき性質は前提中に述べら

れており、人は何を写像すべきかをほとんど考える必要がない。

しかし、きわめて例外的な状況を除けば、人間の推論は不確実な前提からなされている。経験から作られた準抽象化、あるいは動的に構成された準抽象化は、そもそもそれが確実に妥当かどうかはわからない。また、適切な準抽象化が検索されなかったり、生成されないこともあるだろう。さらに、準抽象化内の要素が、正しくターゲットに写像されるかどうかも不確実である。これらの不確実性がすべて取り払われた時に、推論ははじめて演繹的となる。このような見方をすれば、類推が演繹に還元されるのではなく、演繹こそが類推の特殊ケースとも考えられる。

一方、帰納はそもそも類推と類似した推論形式であり、類推は帰納推論の一種と考えられる場合もある［148、149］。帰納は狭義には、事例から一般原理を抽出する推論であると言われる。このような立場からすれば、準抽象化は帰納の産物であるということになる。

確かにそうした側面はあるだろう。しかしながら、帰納と類推および準抽象化の関係は、それほど一方向的なものではない。帰納的推論の一つとして帰納的投射がある。たとえば、「人は脾臓を持っています」という情報から、猫（あるいは他の生物）も脾臓を持っているか否かを判断するというものである。これは人がベースとなり、猫がターゲットとなる類推と考えることができる。

もちろん、これでは単に言葉を言い換えただけに過ぎないが、準抽象化と帰納的投射の関係について興味深い研究が稲垣と波多野によって行われてきた（4・7節を参照）。認知発達の分野での中心的な課題の一つに、幼児の素朴生物学の理解がある。主要な研究の多くは、就学前の子供は動物と植物を含めた「生物」というカテゴリーを形成していないことを指摘している。たとえば、「人間はどんどん大きくなっていきます」という前提を与えて、「チューリップはどんどん大きくなっていきますか」という質問をすると、多くの幼児がそれを否定する。一方、彼らの実験では上記の前提に「人間は食べ物や水から力や元気の元をとって、どんどん大きくなっていきます」という情報が付け加えられた。すると、多くの子供がチューリップも成長することを認めるのである［94、152］。

稲垣と波多野は、ここから子供が生気論的因果という独特の因果律を持っているとしている。本書の立場からすれば、この実験で付け加えられた説明は、まさに準抽象化である。つまり、成長という目標に対して、食べること、力および元気のもとがどのような関係にあるかがここでは明示されている。このような準抽象化を教示することによって投射が生じるという実験事実は、準抽象化に基づく類推と帰納との間の密接な関係を示している。

帰納的推論は類推同様、その結論が妥当であるという保証はない。たとえば、上の投射の例でも属性を「成長する」ではなく、「喜ぶ」にしたら、投射を行うことはできない。したがって、類推同様、帰納も投射先の対象との関係で投射する属性の意味を明らかにしなければならない。準抽象化理論からすれば、属性の持つ意味は準抽象化によって与えられる。稲垣らの実験でいえば、子供は付加された説明によって「人間もチューリップも代謝を行うシステム」であることに気づき、代謝との関係で「成長」を把握したと考えられる。別の言い方をすれば、人間というベースも、チューリップというターゲットも、代謝システムという準抽象化の事例であるという認識が生じ、その結果投射が起きたと考えられる。

最初にも述べたように、演繹と帰納は一般的に全く別の形式の推論と考えられている。しかし、上述したように、準抽象化に基づく類推という考えを導入することにより、これらの間には密接な関係があることが示唆される。演繹は妥当な結論を導き出しはするが、人間は典型的な演繹推論課題のような状況で思考を行うことは稀である。何らかの不確実な前提(問題状況についての情報、過去の経験)に基づいて、思考を行わねばならない。こうした意味で、大半の推論はホランドらのいう意味での帰納的(あるいは類推的)な性質を持っている[149]。しかし、何の制約もなしに帰納や類推を行うことはできない。そこで人間は準抽象化、カテゴリー、類似、構造的同型などを用いて、考慮すべき情報の範囲を限定し、推論をより確実なものへと変化させていると考えられる。だとすれば、類推に準抽象化を導入することにより、演繹、帰納を含めた思考の統一理論を生み出すことも可能になるかもしれない。

付録　準抽象化理論と他の理論

ここでは、準抽象化理論とその他の類推についての理論を対比させ、その共通点と差異を明らかにする。ここではその中でも、実験的証拠が最も多く挙げられているキース・ホリオークとポール・サガードらのグループの多重制約理論と、デドリ・ゲントナーの構造写像理論をまず取り上げる。次に、本書の主張と関連性の高いジョージ・レイコフの概念メタファー説（conceptual metaphor）とアンドレア・ディセッサの p-prim 説を取り上げ、その主張を準抽象化という観点から検討する。最後に、マーク・キーンの提案する漸進的類推写像理論、及びダグラス・ホフスタッターらのグループによる Copycat と準抽象化理論を対比する。

1 多重制約理論

多重制約理論は、人は対象レベル、構造レベル、プラグマティックなレベルの類似性を同時に考慮しながら、最適なベース候補の選択や、写像候補の生成を行うというものである。そしてARCSとACMEという計算モデルでは、これらを制約として表現し、多重制約充足アルゴリズム（緩和アルゴリズム）という計算メカニズムを用いてモデル化を行っている［4］。

本書で提案した準抽象化理論と多重制約理論を最も根本的なレベルで区別するのは、「類推がなぜ可能か」という問題に対するアプローチの仕方にある。準抽象化理論は、この問題に対して、ベースとターゲットの間の準抽象化レベルの同一性によって、類推が可能になると考えている。一方、多重制約理論では、これに対して原理的なレベルで答えてはいない。表層レベル、構造レベル、プラグマティックなレベルでの類似性を最も満足するものがベースとして選択され、写像されるという結果を示すだけである。これらによって計算され、選択される候補はターゲットと最も関連するものとなることもあるだろう。しかしながら、最も関連するものによって、なぜ写像が可能になるのかは、やはり不問に付されている。

準抽象化理論と多重制約理論では、ベースの表現についても異なる仮定をおいている。準抽象化理論では、類推において用いられるベースは、具体的な経験の目標を一般化し、経験の構成要素を目標達成のために機能的に組織化した抽象的な知識構造、つまり準抽象化であると考えている。多重制約理論におけるベースの記憶表象は、それを経験した時の状況をそのままの形で表象したものとなっている。また、これらが他の類似したベースと何らの関係も持たない孤立した形で表象されている。

しかし、彼らの仮定は人間の記憶についての多くの実験データと反している。6・3節で述べた福田の実験では、人は与えられた文の主題的な関係を表象することができ、それを検索において有効に用いることができていた。つまり、人は記憶すべき事柄をそのまま受けとるのではなく、既有の知識を用いて、ゴールを推定し、そこに関与する様々な対象の間に機能的関係を作り出し、中程度の抽象度を持つ記憶表象を構成的に生み出している。

多重制約理論のベース表現についての仮定は、検索や写像においてきわめて非現実的な処理を要請することにつながる。まずベースがそれと関連する他のベースと独立して表現されているため、ベース検索において階層関係を利用することができない。また、ベースは一切抽象化されていないので、類推には無関係な要素を数多く含むことになる。ARCSにおいては、関連する単語を含む、長期記憶中のすべてのベース候補との間で、総当り的対応がとられることになっている。確かに、意味的制約やプラグマティックな制約によって対応仮説は絞り込まれる。しかし、一時的にせよ、意味のない、そして非現実的な仮説が一時的に大量生成されるという事態は避けられない。

また写像においても事態は同様であり、考慮すべき対応関係が全く決められていないため、大量の無意味な仮説が初期に生成され、そこから適当なものをどのように選び出すかが計算の主要な課題となる。たとえば、彼らの理論の計算機モデルであるACMEでは、統語的に許されるすべての対応仮説が初期に形成される。つまり、ここではある種の全探索が行われているのである。こうしたことからすると、複数の制約の同時充足という計算アルゴリズムも、こうした特殊な事態ゆえに必要になるだけであり、実際の人間の類推の計算には用いられていないという可能性もでてくる。

準抽象化理論と多重制約理論には以上のような本質的な相違点があるが、目的の重要性を強調するという点においては一致が見られる。準抽象化は一般化された目標の達成に関わる構成要素が機能的に組織化されている。したがって、準抽象化は目標を抜きにして語ることはできない。一方、多重制約理論ではプラグマティックな制約が検索、写像の各段階において大きな役割を果たしている。ARCSやACMEのネットワークの緩和プロセスにおいては、過去経験の中でゴールの達成に強く寄与した要素を含むノードにはプラグマティックユニットから、強い活性値が常時提供されている。こうした目標の持つ役割の強調は、次に述べる構造写像理論とは著しい対照をなしている。

2　構造写像理論

構造写像理論は、ベースとターゲットの間で共通する最大の構造に基づいて写像が行われるとされる。ここでいう構造とは、領域を記述する述語の次数（階）によって決定される。一般に、領域を述語論理的に記述する場合、そこに属する対象を一階の関係によって結びつけ、それらの関係をさらに高階の関係によって結びつけるという方法が一般的である。このようにしてでき上がる対象、述語間の依存関係の総体が構造ということになる。そして、5・3節で述べたように、実際の写像は、属性の非写像、並列結合、システム性原理にしたがってなされるとされる。

構造写像理論はベースの表現について多重制約理論と同じ仮定をとるため、前節同様の批判が成り立つ。すなわち、写像の初期過程においては大量の無意味な対応仮説が生成されてしまう。こうした事態は人間の情報処理能力の問題を考えると、あまりに非現実的である。

しかしながら、構造写像理論と準抽象化理論はいくつかの重要な共通部分を持つ。第一に、「なぜ写像が可能か」という問題に対して、構造写像理論は「同一の構造」が写像を可能にするという明確な答えを出しているからである。ゲントナーにしたがえば、共通する構造によってベースとターゲットはその観点から同一性が保証されているので、双方の要素は置換えが可能になると考えることができる。第二の共通点は、準抽象化はそもそも構造であるということに由来する。準抽象化は単なる特徴の寄せ集めではなく、その構成要素は一般化された目標の達成に向けて組織化されている。このような性質は構造によって最もよく表現される。

以上のことから考えれば、準抽象化はゲントナーの言う構造の部分集合と見なすことができる。だとすれば、構造写像理論から見て、6・1節で述べた同一性を定めるのは構造ということになるだろうし、第6章の実験データもすべて構造写像の例となるかもしれない。

しかし詳細に検討すれば、第5章で示した実験結果をゲントナーの言う意味での「構造」によって説明することはきわめて難しいと思われる。第一に、力の合成・分解における構造は「競合している」と捉えることもできるが、「協調している」と捉えることもできる。類推にとって重要なことは、このうちにどちらが選択され、ターゲットが表象されるかということである。一方、構造写像理論では、構造はほぼ一義的に決定され、固定されたものとして扱われている。

第二に、仕事算とその同型問題の間の転移の難しさの差を挙げることができる。どの問題も同じ解法の構造を持っており、その意味では写像の可能性は等しく存在している。しかしながら、転移は用いられる問題によって大きく異なっている。標準群と準抽象化群の教示の違いは、「仕事」が「達成すべきこと」、「各人の仕事」が「達成への貢献」に変わったという点だけである。したがって、二つの教示の間で構造は変わっていないはずである。にもかかわらず、転移には大きな差が生まれる。これらもまた構造写像理論では容易に説明できない現象である。

以上のことをまとめると、構造写像理論と準抽象化理論は類推における構造という概念の特定の仕方に大きな違いがあることがわかる。確かに類推は構造の写像であることに異論はないが、人間が用いやすい構造とそうでない構造があることは、第6章の様々な実験から明らかである。準抽象化理論における準抽象化という構造は、一般化された目標、その目標における対象間の機能、及び対象の機能充足性を含んでいる。この意味において、準抽象化は確かに個別的な内容からはある程度まで独立しているが、内容から完全に独立しているわけではない。一方、構造写像理論における構造は、表象の内容ではなく、構造上の性質のみによって定義されている。しかし、ここまで述べてきたように、このような統語的性質にのみに基づく構造という捉え方では、これまでの諸結果を説明することは困難である。

確かに、表象内容から独立した形式だけに基づいて写像を決めることにより、構造写像理論はより大きな心的飛躍が可能になることもあるかもしれない。というのも、この考えに従えば、全く類似していない領域同士を結びつけることが可能になるからである。

しかしながら、こうした自由度の高さは別の側面で大きな問題を引き起こす。類推における構造が、研究者によって恣意的に設定されるという問題である。たとえば、太陽系と原子の間の類推を考えてみた場合、太陽系自体はその中に複雑な因果関係を内包する対象物を含んでいる。いくつかの惑星は衛星を持っており、これは明らかに因果的な構造を含んでいる。しかしながらこの因果構造は写像されない。これは、研究者がそれを構造に含めないからである。さらに、太陽と惑星の間の関係だけに絞って考えてみても、その間にある構造は一つとは限らない。太陽は熱源として考えることもできるわけであり、それは惑星の気象、そこでの生物の分布などと因果的な関係を持っている。とすると、こうした様々な因果構造のうちでどれが写像されるかは、研究者が取り上げる構造に完全に依存することになってしまう。こうした問題にもかかわらず、構造写像理論が類推について合理的な説明を与えているかのように見えるのは、ベースとターゲットの表象を、理論の要請に合致するように設定するからという批判もなされている［151、152］。

3　概念メタファー説

これまでに何度か登場した、認知言語学のパイオニアであるジョージ・レイコフは、比喩は言語的問題ではなく、我々の概念システムの問題として捉えるべきであることを主張している。古典的な比喩研究では、言語表現は基本的に字義的なものであり、比喩はこれらを言語的に装飾したものであるとされてきた。一方、レイコフは、我々の概念システム内の領域間には存在論的な対応が既に確立されており、概念システム自体が比喩的な構造を持っていると主張する。そして、この概念システムを用いる言語表現は必然的に比喩的なものとなると考える。したがって、比喩の理解とは、ある入力に対してその理解を出力とするプロセスではなく、用いられた比喩に内在する概念領域間の存在論的対応パターンを見つけることだとされる[85]。また概念システムに内在した比喩性（彼はこれを概念メタファーと呼ぶ）は、身体を持つ人間が、空間、時間、因果を含む世界、及び信念、意図、感情を持つ他者と相互作用する経験から抽象された心的構造であるとされる。

本書の立場から見て重要なことは、この構造が経験そのものではなく、抽象化されたものであるという点、及びスキーマが階層的な関係で結びついているというレイコフの指摘である。彼の挙げた例にしたがって、上記のことを確認してみよう[77、153]。

私たちの関係は行き止まりの道に突き当たった（Our relationship has hit a dead-end street.）

事象構造メタファー	状態	→	場所
	変化	→	動き
	行為	→	自発的な動き
	手段	→	道筋
	困難	→	動きへの障害
	計画された進歩	→	旅行予定
	外的な出来事	→	動く物体
	長期の目的的活動	→	旅行

図１：レイコフの事象構造メタファー

この比喩は「XはYだ」という形式をとっていないが、ターゲットは「私たちの関係」であり、ベースは「行き止まりの道に突き当たる」ということになるだろう。しかしながら、この比喩は、そうした具体物間の直接的な対応に基づいているのではない。そうではなく、これらを包摂する、より抽象的なレベルでの対応が存在している。ここでは、「愛は旅（Love is a journey）」という比喩的な概念システムが、抽象的なレベルでその対応を支えているとされる。つまり、ここでの「私たちの関係」は「恋愛」という上位概念の事例であり、「行き止まりの道」は「旅」の構成要素となっている。この比喩には、こうした抽象的な対応が存在しているため理解が可能となる。これについてレイコフは「概念メタファーにおいては上位レベルで写像が行われる」と述べている。これは準抽象化を用いた写像を仮定する本論と同じものと考えることができる。

次に重要なのは、「恋愛は旅」という概念メタファーは、より上位のメタファーと階層的に結びついており、上位のメタファーの性質を引き継ぐという主張である。彼は、最も上位のメタファーとして事象構造メタファーを挙げている（図1参照）。そして、その下位レベルのメタファーとして「人生（あるいは長期の目的的活動）は旅」が存在し、さらにその下位レベルのメタファーとして「恋愛は旅」が存在している。このような階層を考えることにより、「私たちの関係は行き止まりの道に突き当たった」という当初の比喩に対して、単に行き止まり道が与える以上の意味を生み出すことが可能になる。

準抽象化理論は「アナロジーはなぜ可能か」という問題についての論理的な分析から演繹的に導き出されたものである。一方、概念メタファー説は実際の人間の言語使用から帰納的に導き出されたものである。こうした違いにもかかわらず、比喩、類推が文に現れる具体的な対象ではなく、抽象化された知識構造に媒介されているという点、この知識構造の階層性を認める点において、両者の間にはきわめて密接な関係がある。

ただし、準抽象化理論は学習や問題解決がその中心的な課題であるのに対して、概念メタファー説は比喩、擬人化、諺などの言語がその中心課題となっている。したがって、前節で見てきた算数の文章題での学習や問題解決の解法がどのように転移するのか、また拮抗する解法が複数ある時にどのようなメカニズムで特定の解法が転移するのかという問題について、概念メタファー説は示唆を与えない。逆に、準抽象化理論は比喩や言語理解について特定の予測や一貫した説明を与えない。今後、人間の知識構造について両者で共通する部分を抽出し、問題解決・学習と言語についての統一的な枠組を作りだすことは、重要な課題となるであろう。

4 p-prim 理論

アンドレア・ディセッサは物理現象についての直観的、日常的理解から、専門家による科学的理解を統一的に説明する理論を提案している。人間は様々な物理現象に対して、表層的で、誤っているかもしれないが、容易に説明を与えることができる。彼の理論では、こうした物理的な直観を支えているのは、現象論的プリミティブ(Phenomenological primitive)であるとされる。これは以下のような特徴を持つ(以下、彼の省略に従いp-prim と表す)[154、155]。

・p-prim は高々数個の構成要素から成る、小さな知識構造である。
・p-prim はよくある経験を表層的に解釈した結果生み出される抽象化された知識である。
・p-prim は自明のものであり、それ以上説明されることはない(あるいはできない)[*1]。
・かなりの数(数百程度)の p-prim が日常的直観を支えている。
・データ駆動型であり、状況の微妙な変化に敏感に反応する。

・p-prim は単独で用いられる場合もあるが、ふつうは p-prim 間に確立されている連合関係（structured priority）にしたがって複数の p-prim が協調して用いられる。

彼が挙げている p-prim の一部は次のようなものである。

Ohm's p-prim　力－抵抗－出力の三つからなる。力が大きければ出力が大きく、抵抗が大きければ出力が小さくなる、という認識を支えている。

Force as mover　物体は力が加えられる限り、加えられた力の方向へ運動を続ける。

Balance and equilbrium　二つの競合する力が異なる結果を得ようとしていたが、たまたま均衡状態に至った状態に適用される。

Dying away　力は徐々に失われていき、運動している物体は静止するようになる。

Blocking and guiding　運動は、静止した硬い物体によって止められる。

彼の理論は、類推に関するものではなく、物理現象の認識に関するものである。しかしながら、類推を知識の獲得と利用のメカニズムというように広義に考えれば、この理論が類推理論に対して持つ意味は大きい。この理論は多くの重要な点で構造写像理論や多重制約理論と異なる一方、準抽象化理論とは多くの一致点を有している。まず、経験そのものではなく、経験から抽象化された知識を想定している点である。これは、物理現象はきわめて多様であり、事例を一つ一つ記憶していくことはできないことに由来する、半ば必然的な仮定である。次に、p-prim は構造化されてはいるが、小さな知識単位であるという主張は、大きな深い知識構造をベースにして類推を考える従来の理論とは著しい対比をなしている。準抽象化は関連する現象を大域的なレベルで捉えるものではあるが、それ自身は比較的少数の構成要素から成る単純な構造である。この点においてディセッサの理論は準抽象化理論と一致している。また、p-prim の構成要素はそれが扱う現象を成立させるために、機能的な関係で結ばれている。この意味においても p-prim と準抽象化は一致している。また、p-prim は準抽象化同様、各々が孤立して存在しているのではなく、関連した他の p-prim と関係づいている。

こうした準抽象化理論との一致、そして既存の理論との不一致は、理論のそもそもの出発点に由来すると思われる。多重制約理論や構造写像理論は、類推自体を説明するために生み出された理論である。そして実験で取り上げる題材の多くは、類推をできるだけ純粋に観察できるものに限られている。一方、準抽象化理論やディセッサの理論は、意味的に豊かな領域における人間のパフォーマンスを説明することが、その目的となっている。そこでは、自然な形で過去の経験、既有知識が用いられる題材が取り上げられている。これらの領域、題材を扱う限り、経験がそのままの形で孤立して存在しているというような仮

理論 → 因果的説明 → 意味ある、孤立した解法 → 意味のない、孤立した解法

図2：ブラウンによる知識の階梯

定を置くことは難しい。

また、こうした領域における知識の利用では、基準となる構造が単一に定まるというケースは少なく、学習者の知識状態や問題の微妙な変化により、作り出される構造が劇的に変化することは珍しくない。また、準抽象化理論もディセッサの理論も、ルールと呼ばれるような知識が存在すると仮定されている領域で研究を始め、ルールでは説明できない複雑なパフォーマンスの変化を説明するために、より小さな知識単位の特定へと向かってきた。*2 つまり、抽象から具体の道のりを歩んできたといえよう。一方、構造写像理論や多重制約理論は、帰納推論課題に典型的に見られる単なる属性リストや対象レベルの類似性という低レベルの情報からはじまり、その不十分さを克服するために構造という高次の情報の特定へと向かってきた。その意味で、これらの理論は具体から抽象という方向へ歩んできたといえるだろう。

以上のことからすると、既存の理論と準抽象化理論およびディセッサの理論では扱う知識の種類、それへのアプローチが異なっていることがわかる。

教育心理学、発達心理学に大きな影響を与えたアン・ブラウンは、知識について図2のような区分を設けている[156]。ここで理論とは、相互に関連する概念を含む、一貫した説明的ネットワーク、因果的説明とは理論の一部につ

いての原理的な理解を指す。一方、意味ある、孤立した解法とは、理解可能ではあるが、上記のより大きなネットワークとは本質的な関連を持たないものである。このスケールにしたがえば、構造写像理論、多重制約理論は主に「意味ある、孤立した解法」レベルの知識の利用を扱っており、準抽象化理論、ディセッサの理論は「因果的説明」以上のレベルの知識の利用をターゲットとしてきたといえるだろう。

以上のように多くの重要な類似点はあるが、準抽象化理論とディセッサの理論には異なる点もある。第一に、p-prim は物理現象の理解、説明のためのものである。したがってこれがカバーするのは物理現象に限られる。第二に、p-prim はデータ駆動的であり、目標やゴールとは無関係である。この点は目的を重要視する準抽象化理論とは異なっている。第三の違いは、知識相互の関係の仕方である。準抽象化理論は、準抽象化は階層的に組織化されていると考えられてきた。特に、類推で用いられる具体的なターゲット、ベースは、それを包摂する準抽象化のメンバーであり、それゆえ写像が可能になるとされてきた。一方、ディセッサの理論では、p-prim 間には階層関係は存在せず、手がかり優先度、信頼性優先度を表す結合が存在するという。[*3] このような関係は経験における、ある p-prim と別の p-prim の共起関係に基づくとされている。このようなメカニズムは、準抽象化の生成において知識のフラグメントが統合されるメカニズムである可能性がある。

5　漸進的写像理論

マーク・キーンは、類推の研究における制約を以下の三つに分けている[157]。

情報論レベルの制約　類推とは何か、つまり入力に対して出力がなされる時に計算されるべきもの、必要なものを特定する。

行動レベルの制約　異なる類推間での反応時間の相対的な差や、人間がおかす誤りを説明するために必要なものを特定する。

ハードウェアレベルの制約　類推的思考を支える神経学的な基礎を特定する。

第4章で述べてきた類似性、構造、プラグマティックな制約は、いずれも類推という問題の定義に関わる情報論レベルの制約であるとしている。これらの制約は多重制約理論では扱われているが、キーンは行動レベルの制約については検討がなされてこなかったと指摘している。行動的制約として、彼が特に取り上げるのは、作業記憶の制約である。作業記憶研究は、人間が一度に考慮できる情報には限りがあることを繰り返し指摘してきた[158]。この観点から、彼は写像初期における悉皆の対応仮説の生成という仮定は、行動的制約を考慮していないと批判する。

そこで彼はIAM（Incremental Analogy Machine）という計算モデルを提案する。このモデルでは、ベース領域のすべてが写像の候補となるのではなく、その一部（最初は高次の関係の部分）をまず取り出して（シード・グループ）、さらにその中の要素を選択し（シード・エレメント）、ターゲットへ一貫した写像が行えるかどうかをテストする。もし、これがうまくいけばさらに他の要素の写像を行う。そうでない場合にはベース表現の中の別の部分を選択し、同様の処理を繰り返す。つまり、ここでの写像は、ベースの部分集合を逐次的にターゲットと対応づけることによってなされている。したがって、多重制約理論や構造写像理論で見られた初期の総当り的写像のような非現実的な処理は行われていない。

キーンは、こうしたアルゴリズムを持つIAMが、人間の類推を実際にどの程度うまくモデル化できるかを検討した。この研究では、まず用いられる属性の類似性を操作することにより、構造写像理論（SME）、多重制約理論（ACME）、IAMがどのように振る舞うかを、コンピュータ・シミュレーションにより検討した。構造写像理論は基本的に構造のみを扱い、類似性を取り込まないため、その振る舞いは人間のものとは全く一致しないものとなった。一方、多重制約理論とIAMは、人間のパターンと一致したパフォーマンスを示した。次に、作業記憶への負荷が異なる課題での人間のパフォーマンスを、この二つの理論が再現できるかを検討したところ、IAMのみが人間のパターンと同様の計算結果を出した。多重制約理論が再現できない理由は、写像初期においてすべての対応パターンを作り出してしまうためである。

準抽象化理論とキーンの理論には多くの相違点がある。そもそも、彼の理論は情報論的な制約をすべて認めつつ、行動的な制約も加えたものであり、支配的理論の拡張という形で提出されている。したがって、「類推はなぜ可能か」という問いに対して直接的な回答を与えているわけではない。また、扱う課題も実験室的に単純化されたものであり、豊かな既有知識が因果的に結びついた領域を扱っているわけでもない。また、課題に対して一義に決まるという形で構造が定義されている。

このような相違点にもかかわらず、この理論は準抽象化理論と一致する重要な指摘を行っている。それは、構造写像理論、多重制約理論が採用する総当り的な写像が非現実的であり、人間のパフォーマンスとは異なっているという点である。確かに現状においてIAMは、述語の次数（階）によって逐次的な写像を行ってはいるが、この部分を準抽象化による写像の制御とすることは可能である。実際に、キーンは背景知識という行動的制約が関与するとすれば、この部分と評価の部分においてであることを指摘している[159]。

次に重要なのは、類推の動的性質に関してである。類推は切り貼り、当てはめのプロセスではない。暫定的な写像を行い、その結果によってさらに写像を進めることもあれば、関連する別のベースを用いて写像を行うこともある。つまり、写像は逐次的に構成されていくという性質を持っている。準抽象化理論では、これは階層を利用してベースがシフトし、さらなる類推が行われるという形で説明可能である。現時点でキーンの理論は同一ベース内の写像述語のシフトしか扱っていないが、本質的には準抽象化理論と同様のメカニズムを利用している。シード・エレメントの暫定的な写像とその評価によって、別のシード・エレメントが写像されたり、別のシード・グループが選び直されたりするプロセスは、ベース、ターゲットの構造を始めから固定し、大きなベース構造をターゲットに直接的に当てはめようとする構造写像理論とは全く異なっている。

6 Copycat

ダグラス・ホフスタッターらの流動的概念と創造的類推グループ（Fluid concept and creative analogy group）は、従来とは大きく異なる類推の理論を提案している［151、152、160］。

彼によれば、認知は感覚器から情報を受容し、表象を生成することからなるとされる。この過程で低次知覚（low-level perception）と高次知覚（high-level perception）の二つが区別されるという。ただし、どちらも知覚であり、その最終プロダクトは表象の生成である。

しかしながら、構造写像理論や多重制約理論では、表象生成は全く行われていない。ベースの表象は類推が可能なように理論の提案者たちによって設定されてしまっている。これでは、柔軟で流動的な認知を実現することはできないと彼らは主張する。ホフスタッターとミッチェルが中心となって行われたCopycatと呼ばれるプロジェクトでは、文字列の四項類推が課題として取り上げられている。たとえば、ａｂｃ→ａｂｄならば:ｉｊｋ→?という形の問題が与えられる。この場合は、最も適切な解はｉｊｌとなるが、人によってはｉｊｄという解を出す場合もある。また、もしターゲットとして右辺にｘｙｚが与えられると、ある場合にはｘｙａが解とされることもあるし、ｗｙｚが解とされることもある。

このように一つの問題から様々な解が導き出される流動的で、柔軟な類推を実現するために、Copycatでは階層的な概念構造を用いてトップダウンな処理を行いつつも、局所的でボトムアップな、多数のプロセスが並列に動作するコンピュータモデルを提案している。このモデルは、スリップネット、コードレット、ワークスペースという三つの構成要素を持つ。

スリップネットは、この課題の表象を生成する時に用いられる様々な概念の貯蔵庫である。スリップネット内の各ノードは概念を表し、これらの間には連想リンク、および階層関係を表すリンクが張られている。各ノードは活性の度合を表す活性値を持ち、活性値はリンクを通じて関連したノードに伝播する。スリップネットが通常の概念ネットワークと異なるのは、滑り（slip）と呼ばれる仕組みが組み込まれており、ノードの活性値に応じてノード間の距離（活性値の伝播の度合）が可変になっているという点である。

コードレットは、与えられた文字列の要素の同定（aは最初の文字とか、最も左など）、グループ化（同一のものをひとまとめにするなど）、関係の確立（昇順、降順など）、対応関係の確立（aとzの関係性など）、写像ルールの生成、および生成された表象のテストを行うオペレータである。コードレットはスリップネット内の関連するノードの活性値に応じて、確率的に選択される。様々なコードレットが並列に作用し、異なる構造を作り出し、競合することが認められている。

ワークスペースはコードレットが作用し、表象が生成される場所である。ここでは作り出された表象が、どの程度構造的に一貫しているかが評価される。評価は構造写像理論で用いられた評価と同様のものが使われる。ただし、この評価の値によって、温度が変化する。温度はコードレットの選択のランダム性に関与する。もし、温度が高ければ選択されるコードレットの範囲が広がり、様々な可能性が試される。一方、生成された表象の構造が安定したものであれば、温度は低下し、表象の生成は方向づけられたものとなっていく。

準抽象化理論と Copycat は扱う領域が全く異なっており、かつ準抽象化のような記憶単位は全く用いられていないが、いくつかの重要な共通点を持っている。その中でも、類推が与えられた構造に対して総当り的に写像候補を作り出すプロセスではなく、知覚のように自然で基本的なプロセスであるという指摘は重要である。準抽象化理論では、構造が準抽象化によって生成され、そこから可能な写像が決定されると述べている。そこでは、写像が写像専用の推論エンジンによってなされるのではなく、自然な認識過程であることが示唆されている。

また、Copycatではスリップネットという階層的、連想的な概念構造が重要な役割を果たしている。そこでは、反対（たとえば右と左）に始まり、先行（bに対するa）、後続（bに対するc）、文字グループの数などについての関連する概念が相互に階層的に結びついている。意味を表現するこうした単位を多数用意するこのシステムは、これらを全く用いずに写像を行う構造写像理論とは著しい対照をなす。準抽象化理論でも、その単位は異なるが、階層関係を想定しており、その関係によってベースのフラグメントの変更や、写像候補の選択がなされるとしている。

Copycatと準抽象化理論には重要な違いもある。まず、彼らは表象生成のプロセスを非常に詳細なレベルで記述している。そして、表象生成のダイナミックな変化をトップダウン、ボトムアップの相互的なプロセスとして説明している。準抽象化理論は、こうした処理の詳細については具体的な提案を行っていない。一方、Copycatは文字列類推を行うという文脈で人間が行う類推の結果を説明することに特化しており、なぜ類推が可能かという問題については全く答えていない。また、課題がきわめて人工的であり、どの程度他の課題に拡張可能なのかも未だ不明である。

*　*　*　*

この付録では、関連するこれまでの理論と準抽象化理論の関係を探った。構造写像理論は、類推が単に類似性には還元できないことを示した点において、類推研究を新たな段階に導いた。多重制約理論は構造だけでなく、意味的類似、プラグマティックな中心性などの要因を制約として取り込み、これらの制約充足問題として類推を定式化した。特にプラグマティックな中心性はゴールと密接な関係を持っており、目標に基づく類推の可能性を示した。またキーンの漸進的類推の考え方は、写像が大域的な対応、トップダウンな対応だけに基づくのではなく、部分部分を逐次的に構成してはテストするという動的な性質を持つことを明らかにした。ただし、これらの理論において、ベースの構造は固定であり、類推の生成的な側面を説明することは困難であった。また、前二者は、大きく、深い構造を持つベースとターゲットの間の総当り的な対応が仮定されており、人が行う方向づけられた類推の姿とはかけ離れた類推像を描いてしまった。

概念メタファー、p-prim 理論、copycat は、上記の類推理論には欠けていた視点を提供した。概念メタファー説は、身体化されているが一定程度まで抽象的な知識の階層関係という視点を提供した。p-prim 理論は、知識がそれ以上分解できない、小さな単位(p-prim)が問題状況に応じて相互に結合して用いられるという、類推も含めてこれまでの理論にはなかった観点を持ち込んだ。[*4] ホフスタッターらの Copycat は、ベースが動的に構成されながら、自然にかつ柔軟に類推が行われる姿を、四項類推課題を用いて示した。

準抽象化理論は、類推がベタな類似性(たとえば色が似ているとか、形が似ているなど)ではなく、構造が重要とする点で、構造写像理論、多重制約理論、漸進的類推理論と共通点を持つ。ただし構造は、ベースとターゲットを包摂する準抽象化との関係で決まるとする点でこれらの理論と異なる。一方、類推が動的に構成されていくという点で、準抽象化理論は p-prim 理論、copycat と共通点を持っている。またゴールの重要性を強調する点で、そのやり方は異なるが、多重制約理論との一致をみている。また意味的に豊かな領域での類推を扱うという点では概念メタファー説、p-prim 理論との共通点を持つ。

注

＊1 ただし、物理学の法則を学習することにより、p-prim 自身も説明されるものへと変化する。

＊2 ディセッサは物理法則に代表されるような抽象的ルールの利用可能性については、少なくとも専門家以外については、否定的である。その理由は、6・1節で述べたものと同じである。すなわち、抽象的なものを具体的な情報が与えられている問題に適用するための処理がきわめて複雑であり、人間には実行が困難であるためである。

＊3 手がかり優先度とはある p-prim が起動した時に別の p-prim が起動する確率に対応する（コネクショニストネットワークにおけるリンクの重みに対応する）。一方、信頼性優先度は、ある p-prim が別の p-prim からの活性を受け取った時にそれが維持される時間を表す。

＊4 人工知能のパイオニアと呼ばれる、マーヴィン・ミンスキーは、「心の社会」という観点を提供し、p-prim 理論の基盤を提供している［161］。

1987.（池上嘉彦訳（1993）.『認知意味論』紀伊國屋書店）.

[154] A. A. diSessa. Toward an epistemology of physics. *Cognition and Instruction*, 10: 105-225, 1993.

[155] A. A. diSessa. What do "just plain folks" know about physics? In D. R. Olson and N. Torrance, editors, *The Handbook of Education and Human Development*. Blackwell, Oxford, UK, 1996.

[156] A. L. Brown. Analogical learning and transfer: What develops? In S. Vosniadou and A. Ortony, editors, *Similarity and Analogical Reasoning*, pages 369-412. Cambridge University Press, Hillsdale, NJ, 1989.

[157] M. T. Keane, T. Ledgeway, and S. Duff. Constraints on analogical mapping: A comparison of three models. *Cognitive Science*, 18: 387-438, 1994.

[158] A. D. Baddeley. *Working Memory, Thought and Action*. Cambridge University Press, Cambridge, UK, 2007.

[159] M. T. Keane. What makes an analogy difficult?: The effect of order and causal structure on analogical mapping. *Journal of Experimental Psychology: Learning, Memory, and Cognition*, 23: 946-967, 1997.

[160] D. Hofstadter. *Fluid concepts and creative analogies: Computer models of the fundamental mechanisms of thought*. Basic Books, New York, 1995.

[161] M. Minsky. *The Society of Mind*. Simon and Schuster, New York, 1988.（安西祐一郎訳（1990）.『心の社会』産業図書）.

world laboratories. In R. J. Sternberg and J. E. Davidson, editors, *The Nature of Insight*. MIT Press, Cambridge, MA, 1995.

[141] K. Dunbar. How scientists think: On-line creativity and conceptual change in science. In T. B. Ward, S. M. Smith, and J. Vaid, editors, *Creative Thought: An Investigation of Conceptual Structures and Processes*. APA, Washington, DC, 1997.

[142] S. Glucksberg and B. Keysar. Understanding metaphorical comparisons: Beyond similarity. *Psychological Review*, 97: 3-18, 1990.

[143] F. B. M. de Waal. *The Ape And the Sushi Master: Cultural Reflections of a Primatologist*. Basic Books, New York, 2001.（西田利貞・藤井留美訳（2002）『サルとすし職人－「文化」と動物の行動』原書房）.

[144] 折原良平．創造性と類似性．『人工知能学会誌』，17：22-27，2002.

[145] S. S. Condoor, H. R. Brock, and C. P. Burger. Innovation through early recognition of critical design parameters. Paper presented at the meeting of the American Society for Engineering Education, Urbana, IL., June 1993.

[146] M. Hattori. A quantitative model of optimal data selection in wason's selection task. *The Quarterly Journal of Experimental Psychology*, 55A: 1241-1272, 2002.

[147] M Oaksford and N. Chater. A rational analysis of the selection task as optimal data selection. *Psychological Review*, 101: 608-631, 1994.

[148] R. Harrod. *Foundations of Inductive Logic*. MacMillan, 1956.

[149] J. H. Holland, K. J. Holyoak, R. E. Nisbett, and P. R. Thagard. *Induction: Processes of Inference, Learning, and Discovery*. The MIT Press, Cambridge, MA, 1986.（市川伸一他訳（1991）．『インダクション』新曜社）.

[150] K. Inagaki and G. Hatano. Young children's recognition of commonalities between animals and plants. *Child Development*, 67: 2823-2840, 1996.

[151] R. M. French. *The Subtlety of Sameness: A Theory and Computer Model of Analogy-Making*. MIT Press, Cambridge, MA, 1995.

[152] M. Mitchell. *Analogy-Making as Perception: A Computer Model*. MIT Press, Cambridge, MA, 1993.

[153] G. Lakoff. *Women, Fire and Dangerous Things: What Categories Tell Us about the Nature of Thought*. University of Chicago Press, Chicago,

[127] L. W. Barsalou. Deriving categories to achieve goals. *The Psychology of Learning and Motivation*, 27: 1-64, 1991.

[128] L. W. Barsalou. Ideals, central tendency, and frequency of instantiation as determinants of graded structure. *Journal of Experimental Psychology: Learning, Memory, and Cognition*, 11: 629-654, 1985.

[129] K. Nelson. Concept, word, and sentence: Interrelations in acquisition and development. *Psychological Review*, 81: 267-285, 1974.

[130] R. J. Spiro, P. J. Feltovich, R. L. Coulson, and D. K. Anderson. Multiple analogies for complex concepts: Antidotes for analogy-induced misconception in advanced knowledge acquisition. In S. Vosniadou and A. Ortony, editors, *Similarity and Analogical Reasoning*, pages 498-531. Cambridge University Press, Cambridge, MA, 1989.

[131] 福田健．事例の想起における抽象化の効果．『認知科学』，4：72-82, 1997.

[132] E. Loftus and K. Kecham. *The myth of repressed memory*. St. Martin's Press, New York, 1994.（仲真紀子訳（2005）．『抑圧された記憶の神話』誠信書房．）.

[133] 越智啓太．『つくられる偽りの記憶：あなたの思い出は本物か？』化学同人，2014.

[134] 鈴木宏昭．実体ベースの概念からプロセスベースの概念へ．『人工知能学会誌』，31(1)：52-58，2016.

[135] 植田一博．科学者の類推による発見．『人工知能学会誌』，15：609-617, 2000.

[136] 荷方邦夫・島田英昭．類題作成経験が類推的問題解決に与える効果．『教育心理学研究』，53：40-51，2005.

[137] 鈴木宏昭. Pragmatically-based representation as a source of naive concepts in physics. Technical report，東京大学教育学部教育方法研究室，1991.

[138] 安西祐一郎．問題解決における理解について．『心理学評論』，23：7-36, 1980.

[139] J. H. Larkin. The role of problem representation in physics. In D. Gentner and A. L. Stevens, editors, *Mental Models*. Lawrence Erlbaum Associates, 1983.

[140] K. Dunbar. How scientists really reason: Scientific reasoning in real-

gine: Algorithm and examples. *Artificial Intelligence*, 41: 1-63, 1989.

[115] D. L. Medin and A. Ortony. Comments on part i: Psychological essentialism. In S. Vosniadou and A. Ortony, editors, *Similarity and Analogical Reasoning*. Cambridge University Press, Cambridge, MA, 1989.

[116] M. H. Burstein. Combining analogies in mental models. In D. H. Helman, editor, *Analogical Reasoning: Perspectives of Artificial Intelligence, Cognitive Science, and Philosophy*. Kulwer Academic Publishers, Dordrecht, Netherlands, 1988.

[117] K. J. Hammond. Case-based planning: A framework for planning from experience. *Cognitive Science*, 14: 385-443, 1990.

[118] D. Gentner. The mechanisms of analogical learning. In S. Vosniadou and A. Ortony, editors, *Similarity and Analogical Reasoning*, pages 199-241. Cambridge University Press, Cambridge, MA, 1989.

[119] B. Indurkhya. *Metaphor and Cognition: An Interactionist Approach*. Kluwer Academic Publishers, Dordrecht, 1992.

[120] I. Blanchette and K. Dunbar. How analogies are generated: The role of structural and superficial similarity. *Memory and Cognition*, 11: 108-124, 2000.

[121] H. Suzuki. Justification of analogy by abstraction. In K. J. Holyoak, D. Gentner, and B. Kokinov, editors, *Advances in Analogy Research: Integration of Theory and Data from Cognitive, Computational, and Neural Sciences*. 1998.

[122] M. T. H. Chi, M. Bassok, M. W. Lewis, P. Reimann, and R. Glaser. Self-explanations: How students study and use examples in learning to solve problems. *Cognitive Psychology*, 13: 145-182, 1989.

[123] D. ヒューム. 『人間知性研究』. 法政大学出版局, 2002. 斎藤繁雄・一ノ瀬正樹訳.

[124] M. B. Hesse. *Models and Analogies in Science (2nd Edition)*. Notre Dame University Press, Notre Dame, IN, 1966. (高田紀代志訳 (1986). 『科学、モデル、アナロジー』 培風館).

[125] S. J. Russell. *The Use of Knowledge in Analogy and Induction*. Pitman Publishing, London, 1989.

[126] L. W. Barsalou. Ad hoc categories. *Memory and Cognition*, 11: 211-227, 1983.

[102] P. Thagard, K. J. Holyoak, G. Nelson, and D. Gochfeld. Analog retrieval by constraint satisfaction. *Artificial Intelligence*, 46: 259-310, 1990.
[103] C. M. Seifert. The role of goals in retrieving analogical cases. In J. A. Barnden and K. J. Holyoak, editors, *Advances in Connectionist and Neural Computation Theory: Analogy, Metaphor, and Reminding*, pages 95-125. Ablex, Norwood, NJ, 1994.
[104] C. M. Wharton, K. J. Holyoak, P. E. Downing, T. E. Lange, T. D. Wickens, and E. R. Melz. Below the surface: Analogical similarity and retrieval competition in reminding. *Cognitive Psychology*, 26: 64-101, 1994.
[105] G. McKoon, R. Ratcliff, and C. M. Seifert. Making the connection: Generalized knowledge structures in story understanding. *Journal of Memory and Language*, 28: 711-734, 1989.
[106] K. Dunbar. Analogical paradox: Why analogy is so easy in naturalistic settings yet so difficult in the psychological laboratory. In D. Gentner, K. Holyoak, and B. Kokinov, editors, *The Analogical Mind: Perspectives from Cognitive Science*. MIT Press, Cambridge, MA, 2001.
[107] J. A. Feldman and D. Ballard. Connectionist models and their properties. *Cognitive Science*, 3: 205-254, 1982.
[108] D. Marr and T. Poggio. Cooperative computation of stereo disparity. *Science*, 194: 283-287, 1976.
[109] E. M. Markman. *Categorization and Naming in Children*. MIT, Cambridge, MA, 1989.
[110] S. Ohlsson. Information processing explanations of insight and related phenomena. In M. T. Keane and K. J. Gilhooly, editors, *Advances in the Psychology of Thinking, vol. 1*, pages 1-44. Hertfordshire, UK: Harvester., 1992.
[111] 鈴木宏昭・開一夫．洞察問題解決への制約論的アプローチ．『心理学評論』，46：211-232，2003.
[112] C. A. Clement and D. Gentner. Systematicity as a selection constraint in analogical mapping. *Cognitive Science*, 15: 89-132, 1991.
[113] D. Gentner and M. Jeziorski. The shift from metaphor to analogy in western science. In A. Ortony, editor, *Metaphor and Thought*. Cambridge University Press, Cambridge, UK, 1993.
[114] B. Falkenhainer, K. D. Forbus, and D. Gentner. Structure mapping en-

Metaphor and Thought (Second Edition). Cambridge University Press, Cambridge, UK, 1993.

[86] G. Lakoff. *Moral Politics: How Liberals and Conservatives Think (2nd Edition)*. University of Chicago Press, Chicago, IL, 2002.

[87] 椿寿夫・中舎寛樹.『解説類推適用から見る民法：法の解釈がもっとうまくなる』. 日本評論社, 2005.

[88] 角田篤泰・原口誠. 法的推論と類似性：対話と議論の観点から.『人工知能学会誌』, 17：14-21, 2002.

[89] 後藤巻則. 故意の条件成就と130条. 椿寿夫・中舎寛樹編,『解説類推適用から見る民法：法の解釈がもっとうまくなる』, chapter 16, pages 92-96. 日本評論社, 2005.

[90] 井上達彦.『模倣の経営学：偉大なる会社はマネから生まれる』. 日経BP社, 2012.

[91] 鈴木宏昭. 教育ごっこを超える可能性はあるのか？：身体化された知の可能性を求めて.『大学教育学会誌』, 39：12-16, 2017.

[92] J. Piaget. *Six Études de Psychologie*. Édition Gonthier, 1964. 滝沢武久（訳）『思考の心理学』みすず書房, 1968.

[93] 稲垣佳世子.『生物概念の獲得と変化』. 風間書房, 1995.

[94] 稲垣佳世子・波多野誼余夫.『子どもの概念発達と変化ー素朴生物学をめぐって（認知科学の探究）』. 共立出版, 2005.

[95] U. Goswami and A. L. Brown. Melting chocolate and melting snowmen: Analogical reasoning and causal relations. *Cognition*, 35: 69-95, 1989.

[96] U. Goswami. *Analogical Reasoning in Children*. Lawrence Erlbaum Associates, Hillsdale, NJ, 1992.

[97] D. Gentner. Bootstrapping the mind: Analogical processes and symbol systems. *Cognitive Science*, 34: 752-775, 2010.

[98] D. Gentner and L. Namy. Comparison in the development of categories. *Cognitive Development*, 14: 487-513, 1999.

[99] D. Premack. The codes of man and beasts. *Behavioral and Brain Sciences*, 6: 125-167, 1983.

[100] M. L. Gick and K. J. Holyoak. Analogical problem solving. *Cognitive Psychology*, 12: 306-355, 1980.

[101] M. L. Gick and K. J. Holyoak. Schema induction and analogical transfer. *Cognitive Psychology*, 14: 1-38, 1983.

nitive Psychology, 7: 268–288, 1975.

[72] D. Gentner. Structure-mapping: Theoretical framework for analogy. *Cognitive Science*, 7(2): 155–170, 1983.

[73] 太田信夫．潜在記憶．高野陽太郎編，『認知心理学 2 記憶』，pages 209–224．東京大学出版会，1995.

[74] S. A. Sloman, C. A. G. Hayman, N. Ohta, J. Law, and E. Tulving. Forgetting in primed fragment completion. *Journal of Experimental Psychology: Learning, Memory, and Cognition*, 14: 223–239, 1988.

[75] L. M. Reeves and R. W. Weisberg. The role of content and abstract information in analogical transfer. *Psychological Bulletin*, 115: 381–400, 1994.

[76] B. H. Ross. This is like that: The use of earlier problems and the separation of similarity effects. *Journal of Experimental Psychology: Learning, Memory, and Cognition*, 13: 629–639, 1987.

[77] G. Lakoff and M. Johnson. *Metaphors We Live by*. The University of Chicago Press, Chicago, IL, 1980.（渡部昇一・楠瀬淳三・下谷和幸訳（1986）.『レトリックと人生』大修館書店）.

[78] F. C. Keil. *Semantic and Conceptual Development: An Ontological Perspective*. Harvard University Press, Cambridge, MA, 1979.

[79] R. Dawkins. *The Blind Watchmaker: Why the Evidence of Evolution Reveals a Universe without Design*. Norton, Norton, 1986.（日高敏隆監訳（2004）.『盲目の時計職人：自然淘汰は偶然か？』早川書房）.

[80] 榛谷泰明．『レトリカ：比喩表現辞典』．白水社，1994.

[81] J. M. Soskice. *Metaphor and Religious Language*. Clarendon Press, Oxford, 1985.（小松加代子訳（1992）.『メタファーと宗教言語』玉川大学出版局）.

[82] 鈴木宏昭．『教養としての認知科学』．東京大学出版会，2016.

[83] J. R. Searle. Minds, brains, and programs. *Behavioral and Brain Sciences*, 3: 417–457, 1980.

[84] J. L. McClelland, D. E. Rumelhart, and the PDP Research Group. *Parallel Distributed Processing, Vol. 1, 2*. MIT Press, Cambridge, MA, 1986.（甘利俊一監訳（1989）.『PDP モデル：認知科学とニューロン回路網の探索』産業図書.）.

[85] G. Lakoff. The contemporary theory of metaphor. In A. Ortony, editor,

Problems and Projects. Bobbs-Merrill, New York, NY, 1972.

[59] A. Tversky and I. Gati. Studies of similarity. In E. Rosch and B. Lloyd, editors, *Cognition and Categorization*, pages 79–98. Lawrence Erlbaum Associates, Hillsdale, NJ, 1978.

[60] E. M. Roth and E. J. Shoben. The effect of context on the structure of categories. *Cognitive Psychology*, 15: 346–378, 1983.

[61] K. J. Holyoak. The pragmatics of analogical transfer. In *The Psychology of Learning and Motivation*, volume 19, pages 59–87. Academic Press, New York, 1985.

[62] B. A. Spellman and K. J. Holyoak. Pragmatics in analogical mapping. *Cognitive Psychology*, 19: 307–346, 1996.

[63] M. T. H. Chi, P. J. Feltovich, and R. Glaser. Categorization and representation of physics problems by experts and novices. *Cognitive Science*, 5: 121–152, 1981.

[64] D. L. Medin, R. L. Goldstone, and D. Gentner. Respects for similarity. *Psychological Review*, 100: 254–278, 1993.

[65] R. L. Goldstone and D. L. Medin. Similarity, interactive activation, and mapping: An overview. In K. J. Holyoak and J. A. Barnden, editors, *Advances in Connectionist and Neural Computation Theory (Vol. 2): Analogical Connections*. Academic Press, Norwood, NJ, 1994.

[66] R. L. Goldstone, D. L. Medin, and D. Gentner. Relational similarity and the nonindependence of features in similarity judgments. *Cognitive Psychology*, 23: 222–262, 1991.

[67] A. B. Markman and D. Gentner. Structural alignment during similarity comparisons. *Cognitive Psychology*, 25: 431–467, 1993.

[68] 大西仁・鈴木宏昭・繁桝算男．状況に敏感な類似性判断のモデル．『心理学評論』，36：633–649，1993.

[69] T. M. Mitchell, R. Keller, and S. Kedar-Cabelli. Explanation-based generalization: A unifying view. *Machine Learning*, 1: 47–80, 1986.

[70] H. Suzuki, H. Ohnishi, and K. Shigemasu. Goal-directed processes in similarity judgements. In *Proceedings of the Fourteenth Annual Conference of the Cognitive Science Society*, pages 343–348, Hillsdale, NJ, 1992. Lawrence Erlbaum Associates.

[71] H. A. Simon. The functional equivalence of problem solving skills. *Cog-*

in transfer: Separating retrievability from inferential soundness. *Cognitive Psychology*, 25: 524-575, 1993.

[44] 今井むつみ.『ことばの学習のパラドックス』. 認知科学モノグラフシリーズ 5. 共立出版, 1997.

[45] 長尾真.『人工知能と人間』. 岩波書店, 1992.

[46] 佐藤理史.『アナロジーによる機械翻訳』. 共立出版, 1997.

[47] E. L. Thorndyke. *Human Learning*. Century, New York, NY, 1931.

[48] S. M. Smith, T. B. Ward, and R. A. Finke. *The Creative Cognition Approach*. MIT Press, Cambridge, MA, 1995.

[49] T. B. Ward, S. M. Smith, and J. Vaid. *Creative Thought: An Investigation of Conceptual Structures and Processes*. APA, Washington, DC, 1997.

[50] 生田久美子.『「わざ」から知る』. 東京大学出版会, 1987.

[51] L. J. Rips, E. J. Shoen, and E. E. Smith. Semantic distance and the verification of semantic relations. *Journal of Verbal Learning and Verbal Behavior*, 12: 1-20, 1973.

[52] A. Tversky. Features of similarity. *Psychological Review*, 84: 327-352, 1977.

[53] E. E. Smith. Concepts and induction. In M. I. Posner, editor, *Foundation of Cognitive Science*, pages 55-89. MIT Press, Cambridge, MA, 1989.（鈴木宏昭訳・概念と帰納. 佐伯胖・土屋俊監訳（1991）『認知科学の基礎 3　記憶と思考』産業図書）.

[54] A. Ortony. Beyond literal similarity. *Psychological Review*, 86: 161-180, 1979.

[55] S. Watanabe. *Knowing and Guessing: A Quantitative Study of Inference and Information*. Wiley, New York, NY, 1969.（村上陽一郎・丹治信春（訳）（1987）『知識と推測——科学的認識論』東京図書）.

[56] E. J. Wisniewski and M. Bassok. What makes a man similar to a tie?: Stimulus compatibility with comparison and integration. *Cognitive Psychology*, 18: 208-238, 1994.

[57] E. J. Wisniewski and M. Bassok. 様々な認知活動に見られる刺激ー処理間適合性：なぜ男性はネクタイに似ているのか. 大西仁・鈴木宏昭編,『類似から見た心』. 共立出版, 2001.

[58] N. Goodman. Seven strictures on similarity. In N. Goodman, editor,

structional contexts. *Human Development*, 37: 207-219, 1994.

[29] 塚野弘明．加算減の文章題における幼児の変数概念の理解と活動の文脈．『教育工学雑誌』，16：79-88，1992.

[30] 三宅なほみ，波多野誼余夫．日常的認知活動の社会文化的制約．『認知科学の発展』，4：105-132，1991.

[31] J. S. Bruner, J. J. Goodnow, and G. A. Austin. *A Study of Thinking*. Wiley, New York, 1956.（岸本弘・岸本紀子・杉本恵義・山北亮訳（1969）．『思考の研究』明治図書．）.

[32] E. Rosch. Principles of categorization. In E. Rosch and B. Lloyd, editors, *Cognition and Categorization*, pages 27-48. Lawrence Erlbaum Associates, Hillsdale, NJ, 1978.

[33] S. Armstrong, L. Gleitman, and H. Gleitman. What some concepts might not be. *Cognition*, 13: 263-308, 1983.

[34] 村山功．人間にとってのカテゴリー．佐伯胖・佐々木正人編，『アクティブマインド』．東京大学出版会，1990.

[35] G. L. Murphy and D. L. Medin. The role of theories in conceptual coherence. *Psychological Review*, 92: 289-316, 1985.

[36] E. E. Smith, E. Shoben, and L. J. Rips. Structure and process in semantic memory: A featural model of semantic decision. *Psychological Review*, 81: 214-241, 1974.

[37] D. L. Medin and M. M. Schaffer. Context theory of classification learning. *Psychological Review*, 85: 207-238, 1978.

[38] D. N. Osherson, E. E. Smith, O. Wilkie, A. López, and E19. Shafir. Category-based induction. *Psychological Review*, 97: 185-200, 1990.

[39] E. Tulving and D. M. Thomson. Encoding specificity and retrieval processes in episodic memory. *Psychological Review*, 80: 352-373, 1973.

[40] D. R. Godden and A. D. Baddeley. Cotext-dependent memory in two natural environments: On land and underwater. *British Journal of Psychology*, 66: 325-331, 1975.

[41] W. A. Bousfield. The occurrence of clustering in the recall of randomly arranged associates. *Journal of General Psychology*, 49: 229-240, 1953.

[42] A. M. Collins and E. F. Loftus. A spreading activation theory of semantic processing. *Psychological Review*, 82: 407-428, 1975.

[43] D. Gentner, M. J. Rattermann, and K. D. Forbus. The roles of similarity

[15] A. M. Isen, C. A. Riley, T. Tucker, and T. Trabasso. The facilitation of class inclusion by use of multiple comparisons and two-class perceptual displays. 1975. Paper presented at the meeting of the Society for Research in Child Development.

[16] A. diSessa. Unlearning aristotelian physics: A study of knowledge-based learning. *Cognitive Science*, 6: 33-75, 1983.

[17] M. McCloskey, A. Washburn, and L. Flech. Intuitive physics: The straight-down belief and its origin. *Journal of Experimental Psychology: Learning, Memory, and Cognition*, 9: 636-649, 1983.

[18] 村山功・鈴木宏昭・伊藤快. 物理状況の見方に関する知識. 日本認知科学会学習と対話研究分科会『学習と対話』89, 16-22, 1989.

[19] M. S. Riley, J. G. Greeno, and J. I. Heller. Development of children's problem solving ability in arithmetic. In H. P. Ginsburg, editor, *The Development of Mathematical Thinking*. Academic Press, New York, 1983.

[20] 塚野弘明. 加減算の文章題の理解と事態認識. Technical report, 昭和59年度文部省科学研究費補助金一般研究C報告書, 1985.

[21] 鈴木宏昭. 溶液の混合問題における誤答の起源とその生成プロセス.『東京大学教育学部紀要』, 24 : 287-296, 1984.

[22] H. Suzuki. Bridging the conceptual gap. In *Proceedings of the Seventeenth Annual Conference of the Cognitive Science Society*, pages 343-348, Hillsdale, NJ, 1995. Lawrence Erlbaum Associates.

[23] S. Shimojo and S. Ichikawa. Intuitive reasoning about probability: Theoretical and experimental analyses of the "problem of three prisoners". *Cognition*, 32: 1-24, 1989.

[24] A. Tversky and D. Kahneman. Causal schemas in judgments under uncertainty. In M. Fishbein, editor, *Progress in Social Psychology*. Lawrence Erlbaum Associates, Hillsdale, NJ, 1980.

[25] A. R. ルリヤ.『認識の史的発達』. 明治図書, 1976. 森岡修一訳.

[26] P. N. Johnson-Laird. *Mental Models*. Cambridge University Press, Cambridge, MA, 1983.（海保博之監訳（1988）『メンタルモデル』産業図書）.

[27] P. N. Johnson-Laird. *Human and Machine Thinking*. Lawrence Erlbaum Associates, Hillsdale, NJ, 1993.

[28] H. Suzuki. The centrality of analogy in knowledge acquisition in in-

参考文献

[1] G. F. Marcus. *The algebraic mind: Integrating connectionism and cognitive science.* MIT Press, Cambridge, MA, 2001.

[2] 原章二.『類似の哲学』. 筑摩書房, 1996.

[3] D. Gentner. Structure-mapping: Theoretical framework for analogy. *Cognitive Science*, 7(2): 155-170, 1983.

[4] K. J. Holyoak and P. Thagard. *Mental Leaps: Analogy in Creative Thought.* The MIT Press, Cambridge, MA, 1995.(鈴木宏昭・河原哲雄監訳 (1998).『アナロジーの力:認知科学の新しい探求』新曜社.).

[5] P. C. Wason. Reasoning about a rule. *Quarterly Journal of Experimental Psychology*, 20: 273-281, 1968.

[6] R. M. J. Byrne. Suppressing valid inferences with conditionals. *Cognition*, 31: 61-83, 1989.

[7] L. J. Rips. Cognitive processes in propositional reasoning. *Psychological Review*, 90: 38-71, 1983.

[8] R. A. Griggs and J. R. Cox. The elusive thematic-materials effect in wason's selection task. *British Journal of Psychology*, 73: 407-420, 1982.

[9] P. W. Cheng and K. J. Holyoak. Pragmatic reasoning schemas. *Cognitive Psychology*, 17: 391-416, 1985.

[10] E. E. Smith, C. Langston, and R. E. Nisbett. The case for rules in reasoning. *Cognitive Science*, 16: 1-40, 1992.

[11] L. Cosmides. The logic of social exchange: Has natural selection shaped how humans reason? studies with the wason selection task. *Cognition*, 31: 187-276, 1989.

[12] J. Piaget and A. Szeminska. *La Genèse du Nombre chez l'Enfant.* Delachuaux et Niéstle, Paris, 1941.(遠山啓他訳 (1967)『数の発達心理学』国土社.).

[13] A. Tversky and D. Kahneman. Extensional versus intuitive reasoning: The conjunction fallacy in probability judgment. *Psychological Review*, 90: 293-315, 1983.

[14] 市川伸一.『考えることの科学』. 中公新書, 1997.

本書は、一九九六年十二月五日、共立出版より刊行された。文庫化にあたっては、大幅な改訂を行った。